LUCA TRIPIEDI

RETI VENDITA DI SUCCESSO

Come Creare la Rete, Reclutare,

Selezionare e Inserire il Personale

Titolo
"RETI VENDITA DI SUCCESSO"

Autore
Luca Tripiedi

Editore
Bruno Editore

Sito internet
www.brunoeditore.it

Sommario

Introduzione

E' da molto tempo che mi sono ripromesso di scrivere tutte quelle azioni di successo che ho imparato e messo in pratica nel corso di quindici anni nel settore commerciale.

La creazione di questo manuale è stata l'occasione giusta per farlo. Ad essere sincero, infatti, l'ho scritto più per me che per altri. Potrebbe a questo punto sorgerti la domanda spontanea: "Ma scusa, se tanto hai scritto tutte cose che sai e che metti in pratica da anni, che te ne fai di un tuo manuale?".

La risposta è molto semplice. Hai sentito parlare di Mike Tyson? Non entro in considerazioni sull'uomo o sul pugile, ma sul campione che è stato. E' stato campione dei pesi massimi per tanto tempo. Si allenava con costanza con il suo allenatore che lo seguiva anche a bordo ring.

A cosa gli serviva un allenatore? Era già campione del mondo, si allenava da anni e combatteva da anni. Forse non sapeva come allenarsi? Forse non sapeva come combattere? Quando era sul ring non si accorgeva se le stava prendendo o dando? Quindi, a cosa gli serviva l'allenatore? A ricordargli che era lui il campione!

Vedi, a volte abbiamo bisogno di ricordarci che siamo noi i campioni. A volte ci dimentichiamo le azioni di successo che ci hanno portato a diventarlo. Capita di essere troppo presi dalle situazioni e quindi ce ne dimentichiamo, semplicemente.

L'obiettivo che personalmente mi prefiggo vuol essere quello che la lettura da parte tua del manuale sia per te una fonte di ispirazione. La mia realizzazione è che tu possa prendere anche solo uno degli argomenti trattati, perché era proprio quella conoscenza che ti mancava, quella piccola azione che non ti permetteva di raggiungere il successo nel tuo ambito professionale.

Non si tratta, infatti, di un libro "filosofico" sull'argomento delle reti di vendita, ma al contrario un vero e proprio manuale pratico, un libro di esercizi. Proprio per questo il primo capitolo l'ho dedicato a darti una panoramica d'insieme su tutti gli argomenti che tratteremo nei successivi, in modo che tu possa arrivarci con qualche nozione di base.

Come avrai quindi compreso non sono un insegnante: è solo con immenso piacere che condivido con te tutto quello che ho messo in pratica, risparmiandoti, però, gli innumerevoli errori che ho commesso negli anni prima di raggiungere il livello attuale. Non si tratta certamente della perfezione, non ancora almeno.

A parte gli scherzi, non potrà mai essere perfetto semplicemente perché parliamo di condurre uomini. E le persone sono molto diverse le une dalle altre. Fortunatamente, aggiungo, in quanto questa verità mi spinge ogni giorno ad imparare come gestirle, motivarle, portarle al successo!

Pensa che noia se fossimo tutti uguali. Una volta che hai imparato come fare non c'è più niente da imparare, che tristezza sarebbe. Invece impera ancora il detto popolare "il mondo è bello perché è vario". Pensare che, proprio per questo, creare una rete di vendita di successo è impossibile, è una convinzione limitante. Una nota marca di abbigliamento sportivo ha "martellato" per mesi con lo spot che "impossibile è nulla". Ed è vero.

In questo manuale, infatti, imparerai a creare una rete di vendita di successo, partendo proprio dal fatto che le persone sono tutte diverse tra loro, proprio perché sono uniche. Trasformerai il pensiero depotenziante che le persone sono tutte diverse e quindi è impossibile gestirle tutte, nella risposta alla domanda potenziante: "Come faccio a creare UNA rete di vendita di successo con persone tutte diverse?".

Buon lavoro!

Luca Tripiedi

GIORNO 1
COME CREARE IL METODO E LA RETE VENDITA

Per meglio comprendere la creazione del metodo, è opportuno che io faccia alcune considerazioni iniziali.

Cos'è la rete di vendita

La rete, come dice il termine stesso, è appunto una rete, ovvero, citando testualmente quanto riportato su un qualunque dizionario della lingua italiana, è un "*attrezzo costituito da fili più o meno grossi di fibre tessili intrecciati a maglia, usato per catturare uccelli, pesci, animali selvatici*".

Oltre a questa spiegazione chiaramente sono indicate diverse spiegazioni, a seconda dell'uso del termine. In particolare, quando si parla di rete di vendita, la spiegazione data è la seguente: "*struttura complessa, articolata in più punti, facente capo ad un centro*", e non si fa alcun riferimento ai venditori!

L'esempio visivo che a me piace di più è quello della rete da pesca, dove gli intrecci dei fili sono in realtà la RETE stessa, mentre i terminali della rete sono appunto i venditori. Infatti la rete senza i terminali (pesi) funziona ugualmente (ma senza gli stessi risultati), viceversa i pesi senza rete non servono assolutamente allo scopo.

In altre parole, la cosa più importante è CREARE LA RETE, ovvero la sua struttura. In seguito penserai ad ultimarla con i venditori, ben sapendo che il segreto è quello di investire il tempo nella creazione del sistema e non il contrario. Tra poco comprenderai meglio il perché.

SEGRETO n. 1: Creare la rete, ovvero la sua struttura e la sua metodologia operativa. In altre parole definire "le regole del gioco".

Chi è la rete di vendita

Come abbiamo visto prima, dopo aver creato il sistema, è giunto il momento di animare la rete, darle vita, inserendo appunto i venditori. Sono proprio questi ultimi, infatti, a farla diventare da una semplice rete, una RETE di VENDITA. Pertanto è fondamentale il nostro atteggiamento mentale: il nostro obiettivo è creare una rete di vendita e non una forza di vendita. La differenza, anche nei termini non è nella vendita bensì in quello che c'è prima: LA RETE.

Creare la rete, infatti, ci permette di inserire ed avere un'ottima continuità da parte dei venditori, in caso contrario entreremmo anche noi nelle tristissime statistiche che imperano nei settori commerciali, dove i venditori restano in azienda mediamente non più di due anni! Ora, prima di entrare nel vivo, ritengo opportuno fare ancora un paio di precisazioni su cui potrai riflettere durante il nostro percorso.

Prodotto o servizio?

Nella normalità quello che comunemente si sente dire è che il prodotto è più facile da vendere, mentre il servizio presenta molte difficoltà. Questa è una convinzione limitante. Nella realtà la differenza la fanno solo le persone che vendono. Il primo segreto per creare la rete è dapprima comprendere che la cosa importante non è cosa si vende, ma come si vende. Il come si vende passa necessariamente dall'impostazione mentale di chi vende.

SEGRETO n. 2: La cosa importante è come si vende, ovvero la metodologia di vendita.

Per comprendere meglio quanto è importante il come vendere, ma ancor più come ragiona chi vende, vi racconterò la mia storia preferita, quella che racconto spesso in aula ai nuovi collaboratori.

Il mio amico Ubaldo è titolare di un'azienda di scarpe e puntualmente mi fa il grande onore di vedere in anteprima le sue collezioni. Qualche anno fa era particolarmente orgoglioso della sua collezione primavera-estate e ne aveva motivo. Erano scarpe molto belle, ottimamente rifinite e con la particolarità di essere bicolore. Quelle che mi mostrò erano beige e marroni, i colori erano molto tenui pertanto muovendole sembrava quasi che avessero un colore diverso a secondo dell'angolazione con la quale le guardavo. Mi disse che gli accostamenti di colore erano addirittura dieci! Mentre ero intento a guardare gli altri colori disponibili, ricevette una telefonata e chiedendomi scusa con la mano per l'interruzione si allontanò. Avevo notato che probabilmente era una telefonata che attendeva con trepidazione in quanto prima di rispondere guardò per qualche istante il cellulare e poi rispose immediatamente ed entusiasta.

Comunque non mi soffermai troppo su Ubaldo e la sua telefonata, ero troppo intento ad analizzare un paio di scarpe scamosciate. Dopo qualche minuto mi raggiunse Ubaldo, il suo volto era cambiato, non aveva più il suo naturale sorriso. Ci guardammo negli occhi per qualche istante e poi gli chiesi: "Pensi che possa esserti di aiuto cercare insieme una soluzione che ti riporti il sorriso?". Ovviamente sorrise e mi raccontò tutto d'un fiato la situazione e la telefonata ricevuta.

Due settimane prima aveva preso la decisione di espandere le proprie vendite anche fuori Europa, in particolare in Africa: dalle sue analisi era risultato un mercato potenziale molto interessante. Chiamò quindi i suoi due migliori venditori ed in cambio di provvigioni stellari, pernottamento in hotel di gran lusso ecc. li "inviò in missione". Sicuro dei risultati, aveva anche organizzato una prima spedizione con scarpe di passate stagioni. A.C. era andato in Marocco e L.F. invece in Algeria.

Mentre raccontava mi ero stupito di come entrambi i venditori, dal punto di vista lavorativo, erano quasi l'uno il "sosia" dell'altro: stessi anni di esperienza in azienda, stessi risultati, avevano persino la stessa età. Non so perché, la cosa mi fece quasi sorridere. Ubaldo si fermò un attimo per riprendere fiato e poi proseguì nel racconto. La telefonata che stava aspettando era quella di A.C. che lo aggiornava sull'andamento della propria attività.

Ubaldo mi riportò abbastanza (a suo dire) fedelmente le parole del venditore: "Ubaldo, sei un matto ed io ancor di più che ti ho dato retta. Accidenti, qui ci sono 40 gradi, fa un caldo impressionante, c'è un'afa che non si respira. Come si fa a vendere le scarpe qui? La maggior parte delle persone va in giro scalza e chi non lo fa, al massimo indossa dei sottilissimi infradito! Non ho venduto neanche un paio di scarpe. Basta, esperimento finito. Domani torno a casa.". A quel punto Ubaldo mi chiese: "E adesso? Cosa faccio? Sicuramente anche

L. avrà avuto lo stesso problema, mi chiamerà a minuti per dirmi le stesse identiche cose… ho letteralmente BUTTATO via un sacco di soldoni!”. A quel punto gli domandai: “Come posso aiutarti?”. E lui, contento dell’aiuto che gli stavo offrendo, mi chiese: “Potresti assistere anche tu alla telefonata con L.? Sai, quando ha chiamato A. non sono riuscito a proferir parola, non posso fare la stessa cosa con L.! Devo reagire e fare in modo che si trattenga di più cercando di vendere in qualche altro stato africano….”. Non feci obiezioni, non era il momento, e quindi acconsentii.

Andammo nel suo ufficio, ci sedemmo alla scrivania e lui chiamò L. con il telefono fisso attivando il “vivavoce”. Non fece in tempo a fare uno squillo che subito si sentì la voce di L. “Ciao Ubaldo. Qui è tutto fantastico, si mangia benissimo, fa molto caldo, talmente caldo che le persone girano scalze o al massimo con dei sottilissimi infradito. E’ una pacchia, tutti hanno bisogno di scarpe, le nostre scarpe, con una bella suola resistente, così non si bruciano i piedi! Ho finito tutto il carico quindi… non è che posso rimanere ancora qualche settimana e tu mi mandi altre rimanenze? Dai, per favore…” Il mio amico

Ubaldo rimase nuovamente senza parole, certo se avesse potuto si sarebbe tuffato dentro il telefono per raggiungerlo ed abbracciarlo, ma non riuscì a dir nulla se non "…ottimo, ti mando altre scarpe….".

Come hai avuto modo di apprendere da questa storia, la differenza la fanno le persone ed il loro atteggiamento! Quindi il terzo segreto è atteggiamento mentale positivo. Ricorda, è la prima cosa che devi possedere e la prima che devi trasferire.

SEGRETO n. 3: Atteggiamento mentale positivo: trovare in ogni occasione o accadimento almeno un aspetto positivo.

Come dico spesso ai responsabili di struttura durante i corsi, la tecnica puoi anche farla imparare autonomamente, il "MY WAY" lo devi insegnare.

Ora che abbiamo imparato che non fa nessuna differenza se vendiamo prodotti oppure servizi, siamo pronti per intraprendere il nostro percorso. Innanzitutto è certamente opportuno avere una visione di insieme delle attività che andremo a svolgere e della loro sequenzialità.

Il metodo

Per prima cosa occorre comprendere che costruire una rete di vendita non è niente altro che trasferire ai tuoi collaboratori il tuo sapere (Know-How). Certo per farlo occorre metodo. La maggior parte delle aziende lo trasferisce verbalmente, nel senso che si concentra al massimo nel trasferire la conoscenza attraverso la tecnica del MENTORING: ovvero il venditore esperto affianca il novizio nelle visite.

Stai per caso pensando alla formazione? Bene, anzi ottimo. Ti voglio fare una domanda: secondo te, in base alle informazioni che hai o semplicemente alle sensazioni che hai, quanto tempo in media le aziende italiane dedicano alla formazione dei propri collaboratori? Una settimana l'anno? Di meno? Di più? Tre giorni? Uno? Beh, ti sorprenderà sapere che la media è di 7 MINUTI l'anno! Detto questo, non sarà il caso della tua attività. Fare formazione ai tuoi collaboratori è molto più semplice e meno dispendioso di quello che si può pensare: occorre solo metodo.

Quindi, come prima cosa devi creare il metodo. Si tratta semplicemente dell'insieme di tutte le azioni che il venditore deve fare, di come farle, quando farle e come verificarle. In poche parole l'insieme delle attività di vendita e attività commerciali che distinguono la tua azienda dalle altre. Rileggi il primo segreto: la cosa importante è come le cose sono svolte e non cosa viene svolto.

Il reclutamento dei venditori

Si tratta dell'azione che precede i colloqui, in pratica per incontrare i candidati, prima è necessario che tu sappia come fare, quali strumenti utilizzare. Mi spiego meglio. Se vuoi conoscere una persona cosa fai? Stai in casa ed aspetti che ti chiami o che la persona si presenti a casa tua? No, certo, vai nei punti di incontro/ritrovo, come l'esperienza ti insegna. Ma dove vai di preciso? Al bar? In discoteca? In palestra? Ovviamente dipende da che tipo di persona vuoi conoscere, se tu sei una persona che tiene molto ad essere in forma, il luogo migliore per incontrare persone con le tue stesse passioni è la palestra o la piscina o la pista ciclabile ecc.

Bene, quando si tratta di reclutare, il processo mentale è lo stesso. Nel capitolo dedicato al reclutamento ti svelerò i segreti su come scegliere il canale di reclutamento migliore, su come fare un'inserzione accattivante, su come programmare ed organizzare efficacemente la tua personale "campagna acquisti".

I colloqui

Esistono diversi tipi di colloquio:

L'Assessment Center: è una metodologia di valutazione del potenziale, nasce con l' *"Assessment Program of the Office of Strategic Service"* (programma di valutazione dell'ufficio di servizio strategico), durante la seconda guerra mondiale. La finalità era il reclutamento e l'orientamento degli agenti segreti. Sono convocate otto persone, fatte accomodare in una stanza e sono loro somministrati diversi test, cosiddetti situazionali, che richiedono al candidato di eseguire un compito in una situazione riprodotta permettendoci così di misurare gli aspetti emotivi del comportamento.

La presentazione collettiva: sono convocati una decina di candidati, il selezionatore presenta l'azienda e ogni candidato racconta sinteticamente qualcosa di sé; non ci sono vere e proprie domande di approfondimento. E' principalmente una modalità di "screening" (scrematura) non basato sulla mera "analisi" dei cv (Curriculum Vitae).

Intervista individuale: si tratta del primo colloquio individuale, l'obiettivo è appunto quello di approfondire le esperienze pregresse ed attuali del candidato sia in termini professionali che umani. Nel capitolo che ho dedicato a questo argomento, non solo imparerai le tecniche, sarai in grado di metterle perfettamente in pratiche e credimi, ti piacerà moltissimo!

Siamo quindi pronti a creare il metodo, che da questo momento chiameremo manuale operativo. Il manuale operativo ha una moltitudine di vantaggi:

- ✓ Trasferire in maniera semplice i fondamenti della tua attività;
- ✓ Avere una struttura di vendita che si "muove" in modo organizzato e con le stesse caratteristiche;
- ✓ Facilitare l'inserimento di nuove leve;
- ✓ Facilitare la misurazione delle competenze acquisite da parte di ogni singolo venditore;
- ✓ Facilitare l'organizzazione di incontri formativi;
- ✓ Contenere in un unico documento tutto il contenuto della tua organizzazione;
- ✓ ...e tanto altro ancora.

Come costruire il manuale

Per costruirlo in maniera efficace, occorre necessariamente procedere per punti. Sei pronto? Bene, partiamo. Il primo punto da realizzare è il **TIMING GIORNALIERO.** Per comprenderne appieno l'importanza, permettimi di soffermarmi su un concetto importantissimo seppur banale. Qual è la cosa più impegnativa per un venditore? Voglio dire, ti è mai capitato di pensare o di sentire da un tuo nuovo venditore dire: "bene, sono pronto, ho la mia valigetta con tutto il contenuto necessario, da dove inizio adesso?", oppure ti è mai successo di vedere un tuo venditore con altissimo potenziale ed entusiasmo partire con molto entusiasmo e dopo poco tempo vederlo entrare in crisi? E' normale, e sai per quale motivo? La risposta è molto semplice: non ci si organizza, non ci si pianifica.

SEGRETO n. 4: Pianificare l'attività giornaliera su base settimanale in modo da rendere autonomo e produttivo ogni venditore.

Infatti pensare che il tuo venditore, in quanto tale, abbia intrinsecamente il dono della pianificazione, è come essere convinti che chiunque compri un PC lo sappia usare.

Veniamo ora al TIMING. Si tratta semplicemente di suddividere la giornata lavorativa in base alle attività da svolgere. Pensa per un istante alle attività necessarie e/o accessorie alla vendita. Ti riporto di seguito un esempio che può essere uno spunto per la realizzazione del **TUO** timing; tieni presente che più tempo dedicherai allo "studio" del timing ottimale, e meno tempo perderà la tua forza vendita nello svolgimento del lavoro, ma soprattutto destinerà le proprie energie alla produttività e non alla programmazione.

Orario	lunedì	Martedì	Mercoledì	Giovedì	Venerdì
09:00 10:30	Attività commerciali	Contatti PROSPECTS	Contatti PROSPECTS	Contatti PROSPECTS	Contatti CLIENTI
10.30 12.00	Attività commerciali	Visite PROSPECTS	Visite PROSPECTS	Visite PROSPECTS	Visite CLIENTI
12:00 13.00	Visite CLIENTI	Visite PROSPECTS	Visite PROSPECTS	Visite PROSPECTS	Contatti CLIENTI
13.00 14.30	Pausa	Pausa	Pausa	Pausa	Pausa
14:30 15:30	Contatti PROSPECTS	Contatti PROSPECTS	Contatti PROSPECTS	Contatti CLIENTI	Formazione
15:30 17:30	Visite CLIENTI	Visite PROSPECTS	Visite PROSPECTS	Visite PROSPECTS	Formazione
17.30 19.00	Visite CLIENTI	Attività commerciali	Attività commerciali	Attività commerciali	------------ ------------ ---------

Nella realizzazione del timing, devi focalizzarti solo ed esclusivamente sul fare in modo che sia efficiente ed efficace. Le regole importanti per realizzare un TIMING efficiente ed efficace sono:

✓ Concentrare l'attività di acquisizione sulle tre giornate centrali della settimana: MARTEDI' – MERCOLEDI'– GIOVEDI';

- ✓ Fare in modo che ogni giorno siano svolte tre differenti attività;
- ✓ Dedicare il pomeriggio del VENERDI' alla formazione;
- ✓ Separare l'attività di acquisizione dall'attività di gestione/fidelizzazione;

SEGRETO n. 5: Il timing ottimale deve concentrare l'attività di acquisizione sulle tre giornate centrali della settimana, dedicare mezza giornata la settimana (giorno ideale venerdì) alla formazione, distinguere le visite ai clienti dalle visite ai potenziali clienti.

Lo schema sopra riportato, come hai visto, segue le regole che hai appena letto. La logica che c'è dietro, è la seguente: il lunedì mattina, non si sa per quale motivo che mi viene da chiamare "karmico", i clienti sono TUTTI in riunione: sia la multinazionale che l'artigiano con due dipendenti.

Il venerdì pomeriggio, non si sa con quale "finanza agevolata", i clienti (o quanto meno, puntualmente, il nostro referente) è già uscito per andare in montagna, al mare, ecc. Queste due mezze giornate le sfruttiamo per fare altre due attività di estrema importanza.

L'attività commerciale, intesa come l'attività di back-office, ovvero quella serie di azioni che comunque fanno parte dell'attività del venditore:

- ✓ Mettere in ordine le schede cliente;
- ✓ Inviare/consegnare l'ordine all'ufficio preposto;
- ✓ Redigere l'offerta commerciale;
- ✓ Redigere il contratto;
- ✓ Aggiornare lo STATUS dei prospects;
- ✓ Pianificare le azioni per raggiungere gli obiettivi della settimana;
- ✓ Preparare i dati necessari per la riunione del venerdì;
- ✓ Ecc, ecc;

La formazione è il momento perfetto per fare diverse attività:

- ✓ Formazione "Tecnica";
- ✓ Formazione per la crescita personale;
- ✓ Analisi dei risultati;
- ✓ Pianificazione degli obiettivi della settimana successiva;

- ✓ Motivazione;
- ✓ Comunicazione sull'andamento dell'azienda;
- ✓ Ecc.

A questo punto, tocca a te. Ti riporto di seguito lo schema già impostato e pronto per essere riempito.

Orario	lunedì	Martedì	Mercoledì	Giovedì	Venerdì
09:00 10:30					
10.30 12.00					
12:00 13.00					
13.00 14.30	Pausa	Pausa	Pausa	Pausa	Pausa
14:30 15:30					Formazione
15:30 17:30					Formazione
17.30 19.00					------------------ ------------------ ------------------

NON proseguire nella lettura del manuale, concentrati sul TIMING. Ho volutamente già inserito i momenti dedicati alla formazione, in modo che tu li abbia ben presenti e non li dimentichi. E' importante che ti prenda qualche minuto di riflessione prima di compilarlo. Ricorda le regole per realizzare un timing efficiente ed efficace. Buon lavoro.

Ora che hai realizzato il TIMING, passiamo all'argomento successivo. E' il momento di mettere per iscritto la MISSIONE (MISSION), la FILOSOFIA ed i VALORI della tua azienda. Si tratta di tre argomenti fondamentali in quanto influenzano TUTTA la tua attività. Vien da sé che se uno o più di questi "principi" sono errati o inesistenti (non dichiarati), la tua attività non raggiungerà mai il successo. A tal proposito mi preme fare una considerazione. Nei mercati attuali, la differenza la fanno quelle aziende che si muovono ben salde sui propri valori che costituiscono la filosofia aziendale e ne determinano la missione.

Qualche ventennio fa la forza vendita (ed i collaboratori in genere) lavoravano ogni giorno con la mentalità di vivere alla giornata. Non avevano necessità di conoscere la meta. Oggi non è più così. Immagina di essere proprietario di uno splendido veliero. Da buon Capitano hai predisposto anche la possibilità di navigare a remi. I tuoi venditori sono i rematori.

Per quanto tempo pensi di riuscire a motivarli semplicemente dicendo loro di remare? Hanno bisogno di una meta, di sapere dove SIETE diretti.

SEGRETO n. 6: Stabilire la meta, l'obiettivo che la tua azienda vuole raggiungere per fare la differenza nel mercato in cui operi.

A maggior riprova di questa verità, qualche anno fa, ho avuto l'opportunità di leggere i risultati ottenuti da una ricerca condotta per determinare cosa motiva i collaboratori in generale. Dallo studio è emersa una lista decrescente per importanza di motivazioni, che a me personalmente, quando la lessi, fece riflettere molto.

Secondo te, qual è il primo fattore di motivazione, e quindi se non "ottenuto", diventa in automatico il primo fattore di demotivazione? Sta forse pensando allo stipendio, al denaro? Alla carriera? Alla tipologia di lavoro? Lascio a te la verifica.

1. PIENO APPREZZAMENTO PER IL LAVORO SVOLTO;

2. SENTIRSI COINVOLTI NEI PROBLEMI DEL LAVORO;
3. COMPRENSIONE E VERO INTERESSE PER I PROBLEMI PERSONALI;
4. BUON LIVELLO RETRIBUTIVO;
5. SICUREZZA DEL POSTO DI LAVORO;
6. LAVORO INTERESSANTE;
7. PROMOZIONI E CRESCITA INSIEME ALL'AZIENDA;
8. LEALTA' DELLA DIREZIONE VERSO I COLLABORATORI;
9. BUONE CONDIZIONI DI LAVORO;
10. DISCIPLINA NON OPPRIMENTE.

A questo punto, mettiti subito al lavoro per DICHIARARE i tre elementi distintivi della tua azienda, tenendo conto dei seguenti suggerimenti.

I VALORI sono quelli che ti distinguono come essere umano e come azienda, sono basati sulla tua personale ETICA. Questa a sua volta crea la famosa ETICA PROFESSIONALE. Certo, non è semplice rispondere alle domande: "Qual è la tua Etica Professionale? Quali sono i Valori della tua azienda? Ed i tuoi personali?". Posso comunque suggerirti come giungere alle risposte. Ci arriveremo per gradi, ed ovviamente è necessaria la tua collaborazione.

SEGRETO n. 7: Dichiarare, ovvero scrivere e diffondere i valori sia all'interno della tua azienda che all'esterno di essa.

Per fare questo prendi un foglio di carta, una penna e rispondi alle seguenti domande:

- Descrivi com'è il _________(*indica il tuo nome*) che si aspetterebbe il CONIUGE O PARTNER? Quali sono i tuoi pensieri e/o i tuoi comportamenti che sono in contrasto con quanto sopra?
- Descrivi com'è il _________(*indica il tuo nome*) che si aspetterebbero gli AMICI? Quali sono i tuoi pensieri e/o i tuoi comportamenti che sono in contrasto con quanto sopra?

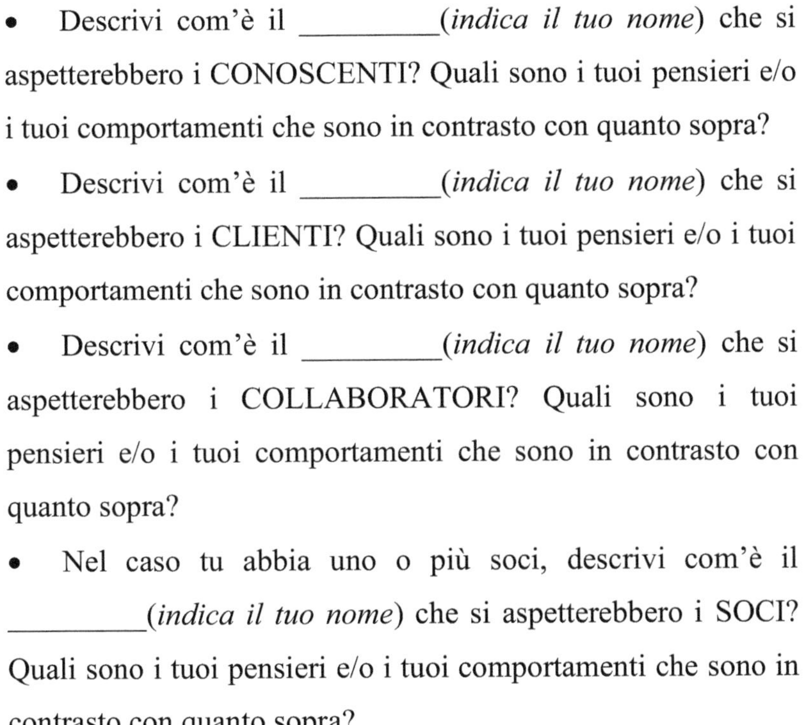

- Descrivi com'è il _________(*indica il tuo nome*) che si aspetterebbero i CONOSCENTI? Quali sono i tuoi pensieri e/o i tuoi comportamenti che sono in contrasto con quanto sopra?
- Descrivi com'è il _________(*indica il tuo nome*) che si aspetterebbero i CLIENTI? Quali sono i tuoi pensieri e/o i tuoi comportamenti che sono in contrasto con quanto sopra?
- Descrivi com'è il _________(*indica il tuo nome*) che si aspetterebbero i COLLABORATORI? Quali sono i tuoi pensieri e/o i tuoi comportamenti che sono in contrasto con quanto sopra?
- Nel caso tu abbia uno o più soci, descrivi com'è il _________(*indica il tuo nome*) che si aspetterebbero i SOCI? Quali sono i tuoi pensieri e/o i tuoi comportamenti che sono in contrasto con quanto sopra?

Ti riporto di seguito un esempio di risposte utili alla miglior comprensione di quanto sopra. Descrivi com'è il Daniele che si aspetterebbero i CLIENTI? *I clienti si aspetterebbero di collaborare con un professionista serio, determinato, che mette al centro della trattativa la loro soddisfazione. Che si impegna nell'ascoltare le loro esigenze e che abbia voglia di conoscerli come essere umani. Una persona che tiene al rapporto umano e professionale, che non si limita a vendere, ma che al contrario li segue nel tempo per accertarsi che siano soddisfatti della scelta loro suggerita.*

Quali sono i tuoi pensieri e/o i tuoi comportamenti che sono in contrasto con quanto sopra? *Nella realtà il più delle volte non vedo i clienti come persone ma come clienti e basta. Sono molto più concentrato a soddisfare il mio interesse, ovvero fatturare e guadagnare più che alla loro soddisfazione. Una volta che ho venduto, trattandosi di un bene durevole, difficilmente mi accerto che il cliente sia soddisfatto, o meglio, dato che ha pagato regolarmente la fattura, lo do per scontato.*

Ora tocca a te, avevi già preso carta e penna, vero? Mi raccomando, NON proseguire nella lettura, concentrati sulle risposte. Questo è molto importante. A dopo.

Fatto? Bravo, ora non devi fare altro che isolare ciò che i CLIENTI, i COLLABORATORI e gli eventuali SOCI si aspetterebbero da te: rappresentano i TUOI valori ed i valori della TUA AZIENDA.

Attraverso l'esercizio che hai appena fatto, hai contemporaneamente preso nota dei tuoi punti deboli: ovviamente, se vuoi che tu e la tua azienda abbiate successo, devi lavorarci su. Impegnati ogni giorno per migliorare un aspetto di te che, una volta migliorato, ti porta sempre più vicino alla COERENZA tra valori dichiarati e valori posseduti. E' importante che tu lo faccia. In fondo sei stato proprio tu ad indicare i valori e ciò che ti allontana da essi.

Ricorda, se le cose attualmente non sono esattamente come tu le vorresti o come te le eri immaginate, se vuoi che cambino, la prima cosa da cambiare sei TU. Tu sei una persona unica e fantastica, è per questo che devi a te stesso il cambiamento, proprio per far in modo che anche le persone che ti circondano ti vedano per quello che sei e non per quello che appari. Per farlo, devi apparire per quello che sei. Pensa, hai già scritto i VALORI, non è fantastico? Ora rileggili: SEI MOTIVATISSIMO, vero? Splendido. A questo punto non resta che scrivere la filosofia aziendale: tranquillo, è pressoché già fatta.

Infatti, ti ricordi quello che hai letto a pagina 27? No, non tornare indietro, te lo indico nuovamente: "[...]la differenza la fanno quelle **aziende** che **si muovono** ben **salde sui** propri **valori che costituiscono la filosofia** aziendale **e ne determinano la missione**.

Quindi ora la filosofia aziendale sarà composta dall'elenco di TUTTI i valori espressi per i CLIENTI e per i COLLABORATORI. Considera che non sei solo tu il portavoce della filosofia aziendale, ma al contrario TUTTE le persone che lavorano nella tua azienda, in quanto ognuna di loro si relaziona con l'esterno ed ognuna di loro si relaziona con l'interno; occorre quindi essere coerenti: i valori espressi nei confronti dell'esterno (clienti), devono necessariamente avere una corrispondenza anche con l'interno (collaboratori). Questo anche perché i valori sono valori, possono solo essere quelli. Possiamo quindi dichiarare la **MISSION,** che deve sostanzialmente rispondere a questa domanda: **Come ho intenzione di vincere nel mio settore?**

La Mission efficace mette in equilibrio il possibile e l'impossibile, ovvero, sono in grado di rispettare la regola aurea che l'azienda si sviluppa solo grazie ai PROFITTI che genera.

Ti riporto di seguito un esempio, immaginando la mission di un'agenzia immobiliare:
IN HOUSE S.r.l. *vuole essere leader assoluto in ogni territorio in cui è presente; di gran lunga la struttura più importante, innovativa, visibile ed efficiente nel trovare la casa giusta per i clienti che comprano e le persone giuste per i clienti che vendono.*

Ora riprendi carta e penna e scrivi la MISSION. NON proseguire nella lettura, concentrati sulle risposte. A dopo.

BRAVISSIMO, hai completato questo primo e fondamentale capitolo.

RIEPILOGO DEL GIORNO 1:

- SEGRETO n. 1: Creare la rete, ovvero la sua struttura e la sua metodologia operativa. In altre parole definire "le regole del gioco".
- SEGRETO n. 2: La cosa importante è <u>come</u> si vende, ovvero la metodologia di vendita.
- SEGRETO n. 3: Atteggiamento mentale positivo: trovare in ogni occasione o accadimento almeno un aspetto positivo.
- SEGRETO n. 4: Pianificare l'attività giornaliera su base settimanale in modo da rendere autonomo e produttivo ogni venditore.
- SEGRETO n. 5: Il timing ottimale deve concentrare l'attività di acquisizione sulle tre giornate centrali della settimana, dedicare mezza giornata la settimana (giorno ideale venerdì) alla formazione, distinguere le visite ai clienti dalle visite ai potenziali clienti.
- SEGRETO n. 6: Stabilire la meta, l'obiettivo che la tua azienda vuole raggiungere per fare la differenza nel mercato in cui operi.

- SEGRETO n. 7: Dichiarare, ovvero scrivere e diffondere i valori sia all'interno della tua azienda che all'esterno di essa.

GIORNO 2
COME CREARE IL PIANO DI CARRIERA

Un altro punto che la tua rete deve avere è la CARRIERA interna. Sono certo che quando abbiamo visto gli argomenti di maggior "disapprovazione" e "demotivazione" dei collaboratori, anche tu sei rimasto colpito e nel contempo sono sicuro che tu ne abbia fatto tesoro.

SEGRETO n. 8: Creare il piano di carriera per la forza vendita, in grado di generare professionisti nel tuo settore di riferimento.

Il Piano di Carriera deve realmente essere in grado di generare professionisti nel tuo settore e nella tua azienda. La sua importanza è strategica per consentirti di avere continuità con i collaboratori che hai ricercato, selezionato, inserito e formato. Il tuo obiettivo a medio termine è quello di concentrarti ESCLUSIVAMENTE sullo sviluppo della tua azienda, sulla strategia, sulla gestione imprenditoriale, o sbaglio? Perfetto, quindi è necessario che la tua forza vendita sia strutturata in una RETE che ti permetta di avere le linee intermedie, ovvero altre persone, diverse da te, che continuino la tua opera di ricerca, selezione, inserimento, formazione e FIDELIZZAZIONE di nuovi collaboratori.

Come rendere possibile tutto questo? Semplicemente costruendo un SISTEMA di carriera efficace. Quindi, dedichiamoci ora alla costruzione di un sistema di carriera adatto alla tua organizzazione. Definiamo prima di tutte le caratteristiche che deve avere:

- ✓ Deve avere APPEAL, ovvero deve essere allettante per chiunque entri a far parte della tua organizzazione;
- ✓ Deve essere SEMPLICE, cioè devono essere di facile comprensione i parametri attraverso i quali si stabilisce o meno il passaggio al livello superiore;
- ✓ Deve essere BREVE, nel senso che deve prevedere al massimo tre passaggi per accedere al livello successivo;
- ✓ Deve prevedere DUE possibilità di crescita:

- Una come COORDINATORE;
- Una come PROFESSIONISTA;

Approfondiamo ora qualche punto.

APPEAL, è indispensabile, in quanto dotata di questa caratteristica, la carriera da sola può determinare il tuo successo. Per avere appeal, la carriera si DEVE basarsi sulle aspettative e sui "sogni" dei tuoi collaboratori. Non è poi così difficile, sai?

SEGRETO n. 9: La carriera deve avere appeal e quindi deve basarsi sui "sogni" dei venditori.

Chiudi gli occhi per un attimo e pensa a quando hai iniziato tu come venditore, oppure pensa al fatto che, se non lo fa nessuno, dovresti vendere tu. Cosa vorresti? Cosa ti piacerebbe imparare? Come vorresti essere retribuito? Sulla base di cosa? Cosa dovrebbe fare l'azienda per fare in modo che tu ti senta realmente PARTE dell'azienda stessa? Di tutte le domande che ti sei fatto e delle altre centinaia che ti potresti porre, una in particolare è veramente DELICATA, ed è quella inerente l'aspetto retributivo. Questa domanda, infatti, è l'unica che, se vogliamo, mette a dura prova la nostra ETICA. Da una parte, infatti, ci sei TU come venditore e quindi il tuo obiettivo è quello di guadagnare molto bene e non essere pagato solo in base al fatturato; dall'altra parte ci sei sempre TU, ma in qualità di imprenditore, che quindi sei ben disposto a pagare benissimo i collaboratori, ma sulla base di quanto producono e non altro: in fondo anche il tuo obiettivo è quello di guadagnare moltissimo, ancor più perché sei TU l'imprenditore! Tutto questo è correttissimo ed in più aggiungo: sei proprio sicuro che SOLO tu sei l'imprenditore? No, infatti, usciamo ora dall'ottica che i collaboratori sono solo COLLABORATORI ed entriamo invece nell'avvincente realtà che anche loro fanno impresa.

SEGRETO n. 10: Impariamo a vedere i nostri collaboratori commerciali come imprenditori.

Solo in questo modo l'etica, e quindi i valori possono essere rispettati. Ricorda, la strategia migliore è quella che si basa sul "Tutti vincenti" o "WIN-WIN" se preferisci. A questo punto la domanda da porti è: Come posso fare a realizzare una politica retributiva che permetta a tutti di essere vincenti? Questa, credimi, non è UNA domanda, bensì è LA domanda! Ho analizzato e studiato per anni le politiche retributive di centinaia di aziende nel mondo, ho cercato punti deboli e di forza di ognuna. Alla fine, ho trovato LA soluzione. ORA, voglio condividere questo segreto con te.

In Italia si applicano diverse metodologie retributive:

- ✓ Solo Provvigioni (**molto diffusa**);
- ✓ Provvigioni + Benefits (AUTO, PC, CELLULARE) (**formula molto rara**);
- ✓ Fisso (temporaneo) +Provvigioni (**formula sempre più in disusa**);
- ✓ Provvigioni con anticipi (**la più diffusa**).

Risulta anche a te? Bene, allora non credo che ci si possa lamentare se non si riesce a creare una forza vendita! Scegli una qualunque delle politiche di cui sopra e poi poniti una domanda: OGGI, se mi fosse offerta la possibilità di iniziare l'attività di venditore, (alle condizioni che hai scelto), tu lo faresti? Dimentica il tuo KNOW-HOW, immagina di essere alla prima esperienza. Ripeto, lo faresti? Neanche io. Ma allora, come posso fare a realizzare una politica retributiva che permetta a tutti di essere vincenti? Per essere tutti vincenti, la soluzione deve contemplare queste esigenze:

Per il collaboratore:

- ✓ Essere retribuito per il lavoro che comunque svolgo;
- ✓ Essere retribuito per il fatturato che faccio;

Per l'azienda

- ✓ Retribuire per quello che fattura;
- ✓ Ridurre al minimo gli anticipi o i fissi o comunque ancorarli all'attività svolta;

Ora ti parlerò della soluzione. Consideriamo l'attività del collaboratore dividendola in: EFFICIENZA e EFFICACIA.

SEGRETO n. 11: Basare il piano dei compensi dividendoli in efficienza ed efficacia.

EFFICIENZA è l'attività svolta ed è propedeutica al fatturato:

✓ CONTATTO EFFETTIVO (ho parlato con il referente) clienti/clienti potenziali (Prospects);
✓ VISITA;
✓ OFFERTA COMMERCIALE presentata;
✓ CONTRATTO acquisito.

Nella normalità sono queste le attività. Pensa alla tua organizzazione ed all'attività: c'è altro che fai e che è indispensabile per acquisire un cliente e/o per vendere? Se sì, aggiungilo alla lista inserendolo nel punto esatto in cui l'azione stessa è compiuta (se prima della visita o dopo e comunque prima dell'offerta).

EFFICACIA è il risultato dell'efficienza ed al contrario di questa, determina la differenza tra i collaboratori. L'efficacia è in buona sostanza, il fatturato generato dal collaboratore.

Prendi carta e penna ed elenca in ordine temporale le attività che compongono l'efficienza. Parti quindi dai contatti e termina con il contratto acquisito. Adesso, facciamo insieme alcune considerazioni: Quanti clienti si riescono ad acquisire mensilmente? Con quale grado di preparazione del venditore? Mi spiego meglio: considerando una formazione ed un'esperienza base, diciamo quindici giorni di formazione ed una mesata di esperienza sul campo:

- Quanti clienti (contratti) è in grado di acquisire un venditore medio nella normalità? Ipotizziamo **8**.
- Quante offerte commerciali devono essere presentate mensilmente per acquisire (inserisci il numero di clienti che hai indicato TU) clienti? Ipotizziamo **25.**
- Quante visite presso potenziali clienti devono essere effettuate per formulare (inserisci il numero di offerte commerciali che hai indicato TU) offerte commerciali? Ipotizziamo **75.**
- Quanti contatti effettivi devono essere effettuati per visitare (inserisci il numero di visite che hai indicato TU) clienti? Ipotizziamo **200**.

A questo punto hai creato un elenco delle azioni di EFFICIENZA e per ogni voce hai dato gli OBIETTIVI. Affianco ad ogni voce, adesso, indica un importo economico. Potresti ad esempio indicare:

0,20 per i Contatti effettivi;

5 per le visite;

2 per le offerte commerciali presentate;

3 per i contratti.

Ora, hai creato l'elenco delle azioni, ne hai fissati gli obiettivi ed hai assegnato un compenso. In pratica ti ritroverai con un prospetto simile al seguente:

AZIONE ESEGUITA	*OBIETTIVO*	*VALORE*	*COMPENSO*
CONTATTI EFFETTIVI	**200**	**0,2**	**40**
VISITE	**75**	**5**	**375**
OFFERTE COMMERCIALI PRESENTATE	**25**	**2**	**50**
CONTRATTI/CLIENTI ACQUISITI	**8**	**3**	**24**
TOTALE COMPENSO			**€ 489,00**

Per l'efficacia, invece, trattandosi del fatturato generato, lascio a te l'indicazione della percentuale. Ora, andiamo ad analizzare quanto ci siamo proposti, ovvero andiamo a rivedere le caratteristiche che la politica retributiva doveva aver per rendere tutti vincenti.

Per il collaboratore:

- ✓ Essere retribuito per il lavoro che comunque svolgo;
- ✓ Essere retribuito per il fatturato che faccio.

Per l'azienda

- ✓ Retribuire per quello che fattura;
- ✓ Ridurre al minimo gli anticipi o i fissi o comunque ancorarli all'attività svolta.

Dividendo l'attività ed i compensi in azioni di EFFICIENZA e di EFFICACIA, otteniamo appieno quanto ci siamo prefissati, infatti, se confrontiamo le "domande" con le "risposte", ci rendiamo meglio conto della loro perfetta corrispondenza.

Per il collaboratore:

Essere retribuito per il lavoro che comunque svolgo.

- ✓ EFFICIENZA

Essere retribuito per il fatturato che faccio.

- ✓ EFFICACIA

Per l'azienda:

Retribuire per quello che fattura.

✓ EFFICACIA

Ridurre al minimo gli anticipi o i fissi o comunque ancorarli all'attività svolta.

✓ EFFICIENZA ed in più si ha il vantaggio di non corrispondere una cifra fissa a prescindere, al contrario è corrisposta una cifra comunque LEGATA all'attività effettivamente svolta.

Altri vantaggi che si ottengono con l'applicazione di questa politica:

✓ I commerciali saranno ben contenti di fornire i dati riguardo alla propria attività: da sempre il commerciale non è puntuale né preciso sui reports! Questo anche perché li vede come controllo da parte del CAPO e non uno strumento utile per se stesso. Su questo punto ci torneremo approfonditamente, quando parleremo di fidelizzazione ed in particolar modo di MY WAY.

✓ Avendo tutti gli indici, siamo in grado di monitorare l'attività svolta ed assistere il collaboratore nelle fasi in cui non è in EFFICIENZA.

✓ Ti vengono in mente altri vantaggi? Scrivili, costituiranno per te un valido strumento, quando realizzerai il tuo MY WAY.

La parte più impegnativa nella costruzione della carriera l'hai appena realizzata, ora proseguiamo con la costruzione della sua struttura. Per quanto concerne la crescita dei tuoi collaboratori, attieniti alle caratteristiche che abbiamo visto: SEMPLICE, BREVE, DUPLICE.

SEGRETO n. 12: La carriera deve avere tre fondamentali caratteristiche, deve essere semplice, breve e duplice.

Sotto questo aspetto, ti può tornare utile l'esempio che di seguito ti elenco.

Il collaboratore parte dalla posizione Junior.

Posizione Junior 1: Primo obiettivo del Junior è arrivare ad essere Junior 1. Per raggiungere la posizione, il collaboratore dovrà effettuare 150 visite presso clienti prospects.

Retribuzione: il raggiungimento della posizione Junior 1 permetterà al collaboratore di avere un aumento della propria base.

- Contatti: € 0,30
- Visite € 6,00

Posizione Junior 2: Obiettivo del Junior 1 è arrivare ad essere Junior 2. Per raggiungere la posizione, il collaboratore dovrà presentare 50 offerte commerciali presso clienti prospects;

Retribuzione: il raggiungimento della posizione Junior 2 permetterà al collaboratore di avere un aumento della propria base.

- Contatti: € 0,30
- Visite: € 6,00
- Offerte Commerciali: € 3,00

Posizione Junior 3: Obiettivo del Junior 2 è arrivare ad essere Junior 3. Per raggiungere la posizione, il collaboratore dovrà acquisire 16 clienti.

Retribuzione: il raggiungimento della posizione Junior 3 permetterà al collaboratore di avere un aumento della propria base.

- Contatti: € 0,30
- Visite: € 6,00
- Offerte commerciali: € 3,00
- Contratti:€ 4,00

Adesso prendi carta e penna, e scrivi la carriera che prevedi per ogni tuo collaboratore, considerando obiettivi da raggiungere e compensi di EFFICIENZA crescenti.

Ora aggiungiamo l'ultima parte della carriera, quella cioè che permette al collaboratore di scegliere il percorso più in linea con le proprie aspettative e desideri. E' importante, infatti, che tu preveda la possibilità per i collaboratori di crescere in maniera piuttosto rapida: ovvero in un arco temporale di 6/8 mesi. Ti può ancora tornare utile l'esempio sotto riportato.

Raggiunto il risultato di € (indicare un importo di fatturato ottenibile dopo circa sei mesi di esperienza) in (indicare il periodo di riferimento, ad esempio in un trimestre) il collaboratore dovrà decidere la carriera da seguire:

Carriera Coordinatore (*dare un nome alla carriera, ad esempio Area Manager*). Al raggiungimento della posizione, il collaboratore potrà gestire una propria struttura di Junior.

Carriera Professionista (*dare un nome alla carriera, ad esempio Professional*). Al raggiungimento della posizione, il collaboratore potrà avere la possibilità di offrire ai propri clienti altri prodotti, oppure gli sarà affidato un portafoglio clienti aziendali, oppure gli sarà data in esclusiva un'area, ecc.

Adesso prendi carta e penna e scrivi le due possibilità di crescita che prevedi per i tuoi collaboratori, considerando i vantaggi: quello che potrà/dovrà fare nella nuova posizione.

Ora il Piano della Carriera prevista per i collaboratori della tua organizzazione è pronto. Congratulazioni! Non ti resta altro che fare degli esempi in modo da rendere maggiormente comprensibile la grandissima opportunità che offri ad ogni collaboratore, rendendo la carriera ancora più stimolante. Puoi seguire ad esempio lo schema sotto riportato.

EFFICIENZA JUNIOR posizione di partenza

Contatto effettivo	€ 0,20
Visita in azienda	€ 5,00
Offerta commerciale presentata	€ 2,00
Contratto (ordine, ecc)	€ 3,00

EFFICACIA (riferito ad un mese): Junior

Attività	Risultati	Compensi	
Contatto effettivo	150	€ 30,00	
Visita in azienda	50	€ 250,00	**Totale**
Offerta commerciale presentata	20	€ 40,00	**€ 1.160,00**
Contratto (ordine, ecc)	3	€ 90,00	
Fatturato	€ 5.000,00	€ 750,00	

Adesso prendi carta e penna e procedi a realizzare lo schema dei compensi per ogni Livello, in base alla carriera che hai ipotizzato. Per la posizione "Professionista" puoi ad esempio prevedere una diversa percentuale sul fatturato; per la posizione “Coordinatore”, puoi anche prevedere una percentuale calcolata sul fatturato generato da tutta la propria struttura di Junior.

In quest’ultimo caso considera di prevedere strutture composte da 1 Coordinatore ed un numero di “Junior” compreso tra 3 e 5. Meno di 3 probabilmente non avrebbe senso, più di 5 invece, per quanto se ne possa dire, non si riescono a gestire in maniera impeccabile.

Ora prendi carta e penna e crea gli schemi retributivi.

Adesso hai reso subito visibile la realizzazione pratica (economica) di quanto hai previsto per la carriera dei tuoi collaboratori.

RIEPILOGO DEL GIORNO 2:

- SEGRETO n. 8: Creare il piano di carriera per la forza vendita, in grado di generare professionisti nel tuo settore di riferimento.
- SEGRETO n. 9: La carriera deve avere appeal e quindi deve basarsi sui "sogni" dei venditori.
- SEGRETO n. 10: Impariamo a vedere i nostri collaboratori commerciali come imprenditori.
- SEGRETO n. 11: Basare il piano dei compensi dividendoli in efficienza ed efficacia.
- SEGRETO n. 12: La carriera deve avere tre fondamentali caratteristiche, deve essere semplice, breve e duplice.

GIORNO 3
COME OTTENERE TANTE VISITE

A questo punto, è arrivato il momento di concentrarci sull'attività commerciale vera e propria, procedendo per ordine di azione svolte. Partiamo quindi dai Contatti.

Dal punto di vista delle possibili azioni per giungere al contatto con il potenziale cliente, il contatto telefonico, se ben formulato, risulta essere quello più efficace. Usciamo dalla convinzione limitante: "Il telefono è uno strumento di marketing abusato, non funziona più". Come sempre non è importante cosa fai ma come lo fai!

SEGRETO n. 13: Il contatto telefonico ben formulato è il più efficace per ottenere visite.

Possiamo pertanto considerare due tipologie di contatto:

✓ **CON CLIENTI POTENZIALI**

✓ **CON CLIENTI**

Analizziamo il contatto più importante, quello con i potenziali clienti.

OBIETTIVI DEL CONTATTO

✓ Ottenere informazioni utili relative al CLIENTE;

✓ Fissare un appuntamento con il NOSTRO referente.

SEGRETO n. 14: Nel contatto dobbiamo sempre raccogliere informazioni utili alla nostra attività, presente e futura.

PARTE OPERATIVA

1. Il collaboratore si presenta chiedendo sempre di poter parlare con chi si occupa degli acquisti, della produzione o comunque con il vostro referente ("Posso parlare con la persona che si occupa di....?");
2. Spiega velocemente il motivo della chiamata;
3. Domanda fondamentale: **Ha già sentito parlare di (inserire il nome della tua azienda), vero?**;
4. Gestisce e supera le obiezioni, qualora ve ne fossero;

5. Spiega il motivo della chiamata e propone un appuntamento (tecnica dell'alternativa).

Si tratta di tecniche semplici ma molto efficaci. Sono frutto dell'esperienza decennale in diversi settori ed utilizzate da diverse aziende. Sono convinto che quando non si conosce o si conosce poco o ancora, quando non si ottengono risultati veri, sia necessario studiare come fanno le cose i migliori, ovvero le aziende che hanno successo.

La vita è fatta di insegnamenti in entrata ed in uscita. Il nostro compito è quello di ricercare tanto gli uni quanto gli altri: in questo modo saremo sempre pronti, quando saranno gli insegnamenti a cercare noi. Una frase che racchiude questo pensiero è stata scritta tanti tanti anni fa da un anonimo cinese, te la cito: *"Quando il saggio indica la luna, lo stolto guarda il dito"*.

POST CONTATTO

Il Vostro collaboratore archivia:

✓ Tutte le informazioni relative al referente (nome, cognome, di che cosa si occupa);

✓ Informazioni relative all'anagrafica dell'azienda (nome dell'azienda, recapiti, tipologia);

✓ Informazioni relative all'attività (di che cosa si occupa, come opera);

✓ Tutte le informazioni relative ai prodotti/servizi richiesti o richiedibili;

✓ Scrive all'interno del Data Base (se ne avete uno, oppure predisporrete delle schede cartacee) tutte le informazioni che apprende dal contatto telefonico, segna la data, la cronologia e tutti gli aggiornamenti dei contatti e delle visite con il cliente.

Ora, prendete carta e penna e scrivete le azioni del post contatto prendendo come traccia quanto sopra indicato. E' a questo punto fondamentale che ogni commerciale si attenga ad alcune regole per svolgere al meglio l'attività del contatto.

1. Ogni contatto è un'opportunità

Respira prima di iniziare il contatto, concentrati sull'esito positivo. È importante sapere che ogni contatto deve essere sfruttato al meglio. Se prendiamo l'appuntamento, diverrà subito o in futuro un nuovo cliente. Quindi nuove opportunità. L'azienda cliente, se fino a quel momento non avrà utilizzato i servizi/prodotti (indica il nome della tua azienda), ringrazierà di aver avuto la possibilità di conoscerli ed inizierà ad utilizzarli.

2. Non improvvisare, segui lo script ed impara a gestire le obiezioni.

3. Non dare informazioni al telefono, è proprio per questo che stai chiedendo un appuntamento.

4. Preparati prima di ogni contatto.

Prendi informazioni sull'azienda prima di effettuare il contatto, rendilo personalizzato. Dai l'impressione di voler incontrare proprio quel cliente.

5. Rendi produttivo ogni contatto.

Nei casi in cui non riuscirai a fissare un appuntamento con il cliente, richiedi informazioni al telefono, tutte quelle che ti serviranno in futuro per acquisirlo. I prodotti/servizi che il cliente acquista (o potrebbe potenzialmente acquistare) e quando. Cerca di carpire nuove informazioni su referente e informazioni aggiuntive sull'attività del cliente.

6. Tutto ciò che sai, scrivilo.

7. Ricontatta tutte le aziende ogni tre mesi: tassativamente.
Fino ad acquisirle come clienti. Poi quando le avrai acquisite, continua a chiamarle con continuità. Ogni 3 mesi come minimo. In merito a questo considera che il numero corretto di clienti prospects da attribuire ad ogni tuo collaboratore è pari a tre volte il numero di contatti effettivi che hai inserito come obiettivo in precedenza.

SEGRETO n. 15: Si devono sempre raccogliere informazioni, in ogni contatto e rispettare sempre le regole del successo.

Sia che la tua azienda venda prodotti sia che eroghi servizi, è importante che il collaboratore (ancor più se nuovo) si immedesimi in un CONSULENTE e non in un venditore, questo per rendere massimamente esaltante la sua attività evitando di farlo incorrere in azioni non ETICHE di fronte al cliente. Infatti, se si riconosce come consulente, farà di tutto per farlo trasparire al cliente e si comporterà come tale.

SEGRETO n. 16: Sentirsi e comportarsi come consulenti e non come venditori.

Il giusto modo di agire e pensare durante il contatto:ogni consulente deve partire dal presupposto che non sta vendendo nulla al potenziale cliente. In realtà svolge due fondamentali azioni:

1) Acquista;

2) Fa acquistare.

1) Durante il contatto il consulente *compra* informazioni, attraverso le domande poste al possibile cliente. Ogni acquisto implica un pagamento ed il consulente *paga* le informazioni acquisite con l'attenzione prestata e la loro accurata registrazione. In altre parole, il cliente che accetta di dare informazioni viene pagato con l'impegno del consulente che

dedica tempo e sforzi alla migliore comprensione possibile dei bisogni del cliente.

2) Il successivo lavoro del consulente non è un processo di vendita; in realtà è il cliente che chiede di poter comprare il nostro prodotto/servizio. Può sembrare una distinzione labile, ma in realtà c'è una profonda differenza concettuale, che si riflette su tutto il modo di gestire il rapporto con i clienti. Non si tratta, infatti, di piazzare prodotti/servizi, ma di presentare soluzioni progettate grazie all'ascolto delle informazioni acquisite nella fase indicata con 1). Ciò che il consulente ha acquistato è stato elaborato e trasformato in una proposta che il cliente vorrà comprare. È l'essenza della consulenza: offrire soluzioni che saranno comprate e non vendute.

Un'altra conseguenza di quest'impostazione è la responsabilizzazione del cliente: egli sarà stimolato a fornire informazioni dettagliate, per fare in modo che la proposta elaborata sia il più aderente possibile alle necessità del cliente. Infine, il consulente seguirà costantemente i clienti potenziali assegnatigli, ricontattandoli almeno 1 volta ogni 3 mesi.

Adesso prendi carta e penna e riporta, facendo gli opportuni correttivi derivanti dalla tua attività, tutto quello che hai letto in questo capitolo. Puoi anche aggiungere o togliere argomenti. Ora, traduci il tutto in una traccia (SCRIPT). Puoi utilizzare lo schema che ti indico di seguito come spunto.

SEGRETO n. 17: Trasformare il tutto in una traccia scritta (Script), creando una sorta di copione da imparare e "recitare" durante il contatto telefonico.

SCRIPT CONTATTO

N. B. : Telefonata breve, proporre appuntamento con tecnica dell'alternativa, spiegare velocemente il motivo della chiamata, non usare il condizionale.

SCRIPT CONTATTO CLIENTI POTENZIALI

Nel caso in cui **è noto** il nome della persona di riferimento	Nel caso in cui **non è noto** il nome della persona di riferimento

"Buongiorno/ Buonasera, desidero parlare con il Sig... (nome e cognome), sono....(nome e cognome). Grazie."	*"Buongiorno/ Buonasera, desidero parlare con la persona che si occupa degli acquisti, sono... (nome e cognome). Grazie."*

"Con chi ho il piacere di parlare?" – ripetere richiesta (*come le dicevo, desidero parlare con la persona che si occupa degli acquisti, mi può aiutare?).* **Chiedere sempre il nome della segretaria (di chi ha risposto) e soprattutto il nome del titolare/referente**

SEGRETARIA: "Qual è il riferimento/il motivo?"

Risposta: *"Mi chiamo ... (nome e cognome) di (indicare il nome dell'azienda). Avrà già sentito parlare di noi, vero?"*

SÌ – *"Proprio per questo la stavo chiamando, per avere un colloquio con la persona che si occupa di........"*	NO – *"Proprio per questo la stavo chiamando, per avere un colloquio con la persona che si occupa di.........i"*

SEGRETARIA: Qual è il riferimento/il motivo, perché vuol parlare con la persona che si occupa di.........?

La persona conosce la vostra azienda – *"come lei sa, (indicare il nome dell'azienda) si occupa di (indicare la tipologia di prodotti/servizi di cui vi occupate). In questo momento abbiamo dei servizi (prodotti) innovativi per il vostro sviluppo (per lo sviluppo della Vostra azienda) e per questo motivo stavo chiedendo della persona che si occupa di....... Può dirmi cortesemente come si chiama?Me lo può passare per piacere?"*	La persona **non** conosce la vostra azienda – *"Capisco, (indicare il nome dell'azienda) si occupa di (indicare la tipologia di prodotti/servizi di cui vi occupate). In questo momento abbiamo dei servizi (/prodotti) innovativi per il vostro sviluppo (per lo sviluppo della Vostra azienda) e per questo motivo stavo chiedendo della persona che si occupa di....... Può dirmi cortesemente come si chiama?Me lo può passare per piacere?"*

SEGRETARIA/CENTRALINO

A	B
"Mi spiace ma la persona che si occupa del personale non è al momento in sede/non è disponibile."	**"Certo, glielo passo subito. "**
"Sa dirmi quando posso trovarla/o?(Sa dirmi il nome della persona che si occupa di....?), la sua qualifica?" "Bene, richiamerò il giorno … alle ore… chiedendo del sig…" *"La ringrazio per il tempo che mi ha dedicato, ho parlato con il sig...la sig.ra...?* Grazie sig./sig.ra.... Arrivederci"	*"Può cortesemente dirmi il nome della persona che sta per passarmi? E' il responsabile di……..? Il titolare?"* *(Una volta passato)* ↓ *"Buongiorno, sono……di……..,,, avrà sicuramente già sentito parlare di Noi, vero?."* **SÌ/NO** – *"Bene, per questo motivo la stavo chiamando. Volevo fissare un appuntamento di 30 minuti con Lei per valutare insieme la possibilità di iniziare a collaborare. Quando preferisce lunedì o martedì? Mattina o pomeriggio?"*

C	D
"Sono io che mi occupo del personale, mi dica."	**"Non ci interessa"** **"Non ho tempo"** **"Non ne abbiamo bisogno"**
"Desidero fissare con Lei un appuntamento di 30 minuti per valutare insieme la possibilità di iniziare a collaborare. Quando preferisce Lunedì o Martedì? Mattina o pomeriggio?"	**GESTIONE OBIEZIONI** (vedi tabella successiva)

N. B. : Isola, gestisci e supera una obiezione alla volta.

OBIEZIONI	SUPERAMENTO
Obiezione del centralino ("Non ci interessa niente, non ho tempo, non ne abbiamo bisogno, ecc…")	*"Con chi ho il piacere di parlare? Bene, Sig/Sig.ra…quindi lei mi sta dicendo che Lei ha una delega dai suoi responsabili per prendere decisioni così importanti?"* *SÌ – "Lei mi sta dicendo che si occupa di…….. e quindi posso parlare direttamente con Lei?"* *NO – "La capisco perfettamente, il suo è un ruolo molto delicato. Mi può passare allora la persona che si occupa di………?"*

"Volevo sapere di cosa vi occupate/per quale motivo mi vuole incontrare?"	*Ci occupiamo di……….e (indicare il nome dell'azienda) è la più importante di (indicare la città o la regione o nord/sud centro Italia a seconda del vostro raggio di azione). Per questo la sto chiamando. Quando preferisce che ci vediamo lunedì o martedì?*
"Non mi serve niente al momento"	*"Capisco perfettamente. Mi permetta di porle una domanda: crede di non dover acquistare/assicurare/, ecc. nei prossimi due o tre anni?" Io volevo illustrarle le possibilità che esistono per arrivare preparati a questa data… Quando preferisce che ci vediamo lunedì o martedì?*
"Non ho tempo…"	*"Immagino/penso/capisco che Lei sia una persona molto impegnata, crede che 30 minuti del suo tempo siano troppi per ascoltare una opportunità importante di futura collaborazione? Preferisce questa settimana o la prossima?"*
"Non ho soldi da spendere…"	*"Proprio per questo la stavo chiamando, per illustrale le possibilità offerte dalla nostra collaborazione…"* *"Quando preferisce che ci vediamo lunedì o martedì?"*

"Ma quanto costa? Ditemi le Vostre condizioni/offerte al telefono..."	*"Proprio per questo la stavo chiamando, per incontrarla e poterle spiegare di persona le nostre condizioni flessibili che cambiano in relazione alle diverse esigenze dei diversi clienti"*
"Ho lavorato con una azienda come la Vostra e mi sono trovato malissimo..."	*"La capisco. Capita a tutti di trovarsi male per qualche motivo e so che non è piacevole. Proprio per questo volevo farle valutare il nostro metodo, il nostro modo di lavorare"*
"Non voglio farle perdere tempo..."	*"Cosa intende?" – Riportare ad argomento concreto*
"Intanto mi mandi una mail/un fax che descriva la vostra azienda..."	*"Proprio per questo la stavo chiamando, per incontrarla e poterle spiegare di persona le nostre condizioni flessibili che cambiano in relazione alle diverse esigenze dei diversi clienti"*

DOMANDE INFORMATIVE	DATI DA ACQUISIRE ED INSERIRE
"Mi consigli quando ritiene utile poterci risentire"	Data precisa di ricontatto

"Le chiedo qualche ulteriore informazione sulla vostra azienda, può spiegarmi meglio il vostro mercato/prodotto?"	Tipologia di azienda, produzione, mercato, nr. dipendenti ecc.

NOTE
Dal momento in cui conosciamo il nome della segretaria, utilizzarlo sempre durante il colloquio telefonico. È vantaggioso chiederlo il prima possibile.
Chiudere sempre ogni trattazione di obiezioni : "Proprio per questo la stavo chiamando, quando preferisce che ci incontriamo, lunedì o martedì?"
Trattare l'obiezione con la tecnica dell'alternativa: "Preferisce che ci incontriamo la mattina o il pomeriggio? Alle 10.30 o alle 12?"
Isolare l'argomento (obiezione): "È solo questo o ci sono altri problemi?" 1. "Cosa intende?" 2. "Solo questo o c'è qualcos'altro?" 3. "Se le risolvo questo problema, se troviamo insieme una soluzione, possiamo incontrarci?" ***N. B. Trattare uno alla volta tutti gli argomenti che l'interlocutore esprime.***

Ora prendi carta e penna e facendoti aiutare dallo schema sopra riportato, costruisci lo script del contatto con i potenziali clienti della tua azienda.

RIEPILOGO DEL GIORNO 3:

- SEGRETO n. 13: Il contatto telefonico ben formulato è il più efficace per ottenere visite.
- SEGRETO n. 14: Nel contatto dobbiamo sempre raccogliere informazioni utili alla nostra attività, presente e futura.
- SEGRETO n. 15: Si devono sempre raccogliere informazioni, in ogni contatto e rispettare sempre le regole del successo.
- SEGRETO n. 16: Sentirsi e comportarsi come consulenti e non come venditori.
- SEGRETO n. 17: Trasformare il tutto in una traccia scritta (Script), creando una sorta di copione da imparare e "recitare" durante il contatto telefonico.

GIORNO 4
COME OTTENERE SUCCESSO IN VISITA

Passiamo ora alla visita. E' di fondamentale importanza, vista la sua "delicatezza", suddividerla sostanzialmente in tre momenti. Questa "accortezza" ci permette di concentrarci su ogni singola azione.

I MOMENTI DELLA VISITA sono:

- ✓ APPROCCIO
- ✓ VISITA VERA E PROPRIA
- ✓ CONCLUSIONE

GLI OBIETTIVI DELLA VISITA sono:

- ✓ Acquisire informazioni strategiche
- ✓ Riuscire ad ottenere un ordine (commessa, contratto, ecc.)

Il primo obiettivo non è primo a caso: è realmente l'obiettivo principale. Mi rendo conto che probabilmente starai pensando il contrario ed è per questo che aggiungo alcune considerazioni. Se ci ponessimo come PRIMO obiettivo la vendita e poi, forse acquisire informazioni, probabilmente sarebbe più impegnativo vendere: come fai a vendere se non sai quello che serve? Fai le forzature? Con quale risultato?

In secondo luogo, ammettiamo anche che si riesca a vendere, come fai a rendere il tuo cliente attivo, nel senso che acquista regolarmente da te? Non sai niente o poco di lui, non ne conosci le potenzialità, le esigenze, ecc.

SEGRETO n. 18: Il primo obiettivo della visita è raccogliere informazioni utili per la conoscenza del cliente.

Torniamo ora alla parte operativa.

PARTE OPERATIVA

- ✓ Instauriamo un colloquio amichevole e rilassato e ci riallacciamo subito al contatto telefonico;
- ✓ Facciamo parlare il cliente, ponendo domande aperte;
- ✓ Facciamo capire al nostro cliente che siamo lì per soddisfare ogni tipo di esigenza;

✓ Ascoltare e cercare di capire le reali esigenze del cliente;

✓ Scrivere le esigenze e riepilogare il tutto dando un ordine di priorità;

✓ Presentare le soluzioni sottolineandone sempre i vantaggi.

CONCLUSIONE

✓ A chiusura si illustreranno i parametri economici e si avvierà l'ordine (commessa, contratto, ecc.);

✓ Al momento del congedo è importante dare al cliente tempistiche chiare e certe sulla data del prossimo contatto.

Come per il contatto, ancor più nella visita, occorre stabilirne le regole da rispettare.

1. Preparati prima di ogni visita

Rileggi gli appunti che hai preso durante il contatto telefonico, cerca il cliente (se è un'azienda) su internet, consulta il suo sito, chiedi ai tuoi colleghi se la conoscono, ecc. Sarà molto più facile l'approccio.

2. Domanda ed ascolta. Prendi appunti, scrivi ogni informazione

Cerca di non cadere in tentazione. Non parlare per primo, non farti fare domande altrimenti sarai obbligato a dare informazioni senza prima averne acquisite. Domanda e acquisisci informazioni. Poi quando sarai tu a parlare, dì quello che al cliente interessa, personalizza la comunicazione secondo quanto hai ascoltato prima.

3. Non improvvisare, segui lo script ed impara a gestire le obiezioni

4. Lascia il segno

In ogni visita dobbiamo lasciare il segno, altrimenti abbiamo perso tempo. In ogni visita dobbiamo fornire informazioni, consigli e lasciare una buona impressione. Sicurezza del risultato finale sapendo che quel cliente dovrà diventare un nostro cliente subito o tra poco. E rimanere nostro cliente per molto tempo.

5. Non parlare male della concorrenza ma non accettare confronti

Nessun paragone con la concorrenza. Non esiste concorrenza. Siamo unici, i migliori. Dobbiamo solo essere messi alla prova. Lo dimostriamo fin da subito: investiamo tutte le nostre energie nel far comprendere come lavoriamo, quali sono i nostri servizi/prodotti, quali caratteristiche hanno e come essi sono in grado di soddisfare al massimo le esigenze del cliente. Dedichiamoci solo a questo e niente altro. Lasciamo che sia il cliente a “demolire” la concorrenza!

SEGRETO n. 19: Si deve sempre lasciare il segno, in ogni visita e rispettare sempre le regole del successo.

Il giusto modo di agire e pensare durante la visita.

Come nel contatto anche nella visita il consulente non vende niente, ma acquista dall’azienda cliente delle informazioni, ponendo domande all’interlocutore.

Esse sono pagate con:

- ✓ L’ascolto e la loro registrazione;
- ✓ Il lavoro di consulenza che sarà svolto;

✓ La presentazione del prodotto frutto della consulenza, che riesce a soddisfare le esigenze espresse ed inespresse del cliente.

Il lavoro di consulenza si traduce nell'accettazione dell'offerta commerciale che il cliente quindi acquista. Questo modo di porti permetterà una gestione ottimale di tutte le fasi dell'ordine e della fidelizzazione del cliente.

Adesso prendi carta e penna e riporta, facendo gli opportuni correttivi derivanti dalla tua attività, tutto quello che hai letto in questo capitolo sino ad ora. Puoi anche aggiungere o togliere argomenti. DOPO averlo fatto, prosegui nella lettura, ti sarà più semplice la comprensione. Ora, traduci il tutto in uno SCRIPT.

SEGRETO n. 20: Trasformare il tutto in una traccia scritta (Script), creando una sorta di copione da imparare e "recitare" durante le visite.

Puoi utilizzare lo schema che ti indico di seguito come spunto.

A. Prima della visita	Acquisire informazioni dettagliate sull'azienda dalle seguenti fonti: Data Base, internet, contatto telefonico avuto, colleghi.
B. Socializzazione e Approccio	"Buongiorno/Buonasera mi chiamo…., sono di (Indicare nome dell'azienda). Ci siamo sentiti al telefono due giorni fa". "Al telefono mi stava dicendo che…"
C. Analisi cliente: effettuare le domande che ci permettono di conoscere il cliente negli aspetti per noi più interessanti	Effettuare domande aperte riguardati il cliente: "mi parli della sua azienda/del tipo di produzione". "Come siete organizzati/come è strutturata la sua azienda?". "I vostri clienti quindi sono…"
D. Analisi dei prodotti/servizi simili o assimilabili ai nostri, che il cliente acquista.	"Bene, mi diceva che normalmente acquistate vernici industriali (servizi di comunicazione, prodotti per la cancelleria, ecc)" "Che tipo di caratteristiche devono avere per essere in linea con le Sue esigenze"? Ecc.

Se comprendiamo che l'azienda non prevede l'acquisto di nuovi servizi/prodotti:
"Lei è in grado di prevedere, quando dovrà acquistare nuovamente?". "Bene, noi contattiamo i nostri clienti ogni tre mesi, per aggiornamenti, per sapere se ci sono delle novità o acquisti da dover fare". "Può andare bene anche a lei, che io la chiami ogni tre mesi?". "Naturalmente se avesse qualsiasi tipo di esigenza prima, può sempre trovarmi a questi numeri…". "Ovviamente, se dovessi nel contempo avere delle offerte interessanti per lei, la ricontatterò…"

Se comprendiamo che l'azienda prevede l'acquisto di nuovi prodotti/servizi:	
Riepilogo esigenze	"Bene, lei quindi deve acquistare vernici industriali con alta resistenza al calore, già conformi all'ultima direttiva CEE, in termini di residui volatili…. E' corretto"?
Dimostrare al cliente di aver perfettamente compreso il prodotto/servizio richiesto e le esigenze espresse.	"Bene il nostro servizio/prodotto funziona in modo molto semplice: io ho perfettamente compreso il prodotto/servizio che Le serve; attiveremo immediatamente l'ordine, poi io la chiamerò al telefono e le confermerò la disponibilità del prodotto, la tinta e tutte le sue caratteristiche……"

Durante la visita il consulente porta generalmente con sé due schede/documenti:

- ✓ La scheda anagrafica (scheda cliente);
- ✓ La scheda d'ordine (la scheda offerta commerciale, ecc.).

La SCHEDA ANAGRAFICA è usata dal consulente per registrare tutte le informazioni utili relative al potenziale cliente. La scheda deve essere compilata in tutte le sue parti ed il consulente si deve sentire libero di prendere note addizionali.

Il consulente può usare la scheda anagrafica anche come traccia, mentre è in visita (in quanto i dati da inserire suggeriscono le domande da porre) e registrare le informazioni, una volta rientrato in ufficio, oppure può registrarle direttamente durante la visita.

Ora prendi carta e penna e facendoti aiutare dallo schema sopra riportato, costruisci lo script della visita con i potenziali clienti della tua azienda. Ottimo, siamo, o meglio, SEI arrivato a buon punto! Nei prossimi capitoli te ne renderai maggiormente conto! Ora ci concentriamo sui tuoi prodotti/servizi. Per prima cosa, occorre trasferire tutto quello che tu sai. Non è difficile, visto che ormai, avendo seguito i suggerimenti esposti, dovresti saperlo. Per facilitarti il compito, partiamo con l'analizzare, per OGNI prodotto o servizio che tratti, i seguenti "momenti":

QUANDO UTILIZZARLO

Ovvero, quali esigenze da parte del cliente sono soddisfatte da questo prodotto/servizio. Ad esempio:

✓ **Esigenza da parte del cliente di essere visibile in internet;**

✓ **Esigenza da parte del cliente di vendere on line;**

✓ **Esigenza da parte del cliente di farsi conoscere dalla "massa";**

SEGRETO n. 21: Analizzare il prodotto/servizio in base a quando utilizzarlo, ovvero quali esigenze del cliente soddisfa.

Bene, ora prendi carta e penna e scrivi le esigenze che uno qualunque dei tuoi prodotti/servizi è in grado di soddisfare, in seguito lo farai per TUTTI gli altri.

VANTAGGI

Passiamo ora ai vantaggi che quello specifico prodotto/servizio è in grado di apportare al cliente in base alle esigenze che abbiamo (hai) scritto. Ad esempio:

- ✓ **Visibilità massima in internet;**
- ✓ **Il cliente può valutare in modo approfondito il lavoro svolto, nella massima libertà, senza prendersi un impegno completo e definitivo;**
- ✓ **Il cliente decide l'acquisto dei moduli aggiuntivi soltanto nel momento in cui è pienamente convinto della sua rispondenza all'esigenza richiesta.**
- ✓ **Ecc.**

Bene, scrivi ora i vantaggi del prodotto/servizio del quale hai trattato le esigenze, in seguito lo farai per TUTTI gli altri.

CARATTERISTICHE

Consideriamo ora le caratteristiche proprie di quello specifico prodotto/servizio. Ad esempio.

Sito internet modulare formato da:

- ✓ Home page;

- ✓ Sezione di benvenuto per invogliare il visitatore a registrarsi;
- ✓ Pagine aggiuntive specifiche per ogni Area di interesse indicata nella Home Page;
- ✓ Indicizzazione sui principali motori di ricerca;
- ✓ Data base prodotti/servizi offerti dal cliente;
- ✓ Acquisto "a carrello" con tour del visitatore;
- ✓ Modulo di pagamento attraverso modalità sicura.
- ✓ Ecc.

Ottimo, adesso scrivi le caratteristiche del prodotto/servizio del quale hai trattato le esigenze ed i vantaggi; in seguito lo farai per TUTTI gli altri. Chi meglio di te potrebbe farlo?

PIANO ECONOMICO

In ultimo trattiamo ora l'aspetto economico. Ovvero quanto costa? Indichiamo quindi il costo del nostro prodotto/servizio. Non cadiamo nel trabocchetto: "Come faccio? E' impossibile, dipende da tante cose". Se questa è l'osservazione, probabilmente non abbiamo isolato le esigenze specifiche per quel prodotto/servizio. Al massimo la situazione potrebbe essere questa: esigenze diversissime ma stesso prodotto/servizio.

NON deve invece accadere che si verifichi questa situazione: prodotti/servizi diversissimi ma stesse esigenze. E sai perché? Semplice, siamo partiti considerando LE ESIGENZE e non i PRODOTTI/SERVIZI.

SEGRETO n. 22: Analizzare il prodotto/servizio in base ai vantaggi, successivamente in base alle caratteristiche ed infine dal punto di vista economico.

Ora che è tutto chiaro, sullo stesso foglio in cui hai analizzato le esigenze, i vantaggi e le caratteristiche, indica ora l'importo.

GARANZIE

La ciliegina sulla torta! Mettiti per un istante nei panni del tuo cliente. Chiudi gli occhi e pensa intensamente di essere il potenziale cliente della tua azienda. Quali garanzie vorresti avere o quali ti sorprenderebbe avere? Concentrati, è importante. Analizza il tuo prodotto/servizio, in cosa potrebbe non soddisfare? Normalmente prodotti/servizi simili offerti da altre aziende, in cosa potrebbero “deludere”?

SEGRETO n. 23: Offrire delle garanzie aggiuntive, ovvero rendere l’offerta per quel prodotto/servizio, “inattaccabile” alle obiezioni.

Immagina l’esempio del sito internet. Qual è la prima obiezione che potrebbe sorgerti? A me viene in mente: “E se poi non funziona, nel senso che il visitatore non riesce a registrarsi”? Può accadere, no?

Cosa ne penserebbe il cliente che ti ha posto questa obiezione se tu gli potessi dire: “Capisco perfettamente quello che mi sta dicendo, infatti, il prodotto che le sto presentando Le offre un’interessante garanzia nata per tutelarla da questo punto di vista. Infatti, se dovesse verificarsi il caso che Lei mi ha appena sottoposto o comunque in tutti i casi di difettoso funzionamento, e mi creda, capitano molto di rado, siamo in grado di darle assistenza tecnica e risolvere il disservizio del sito in 24 ore e tutto questo gratuitamente per SEI mesi successivi al collaudo on line. Che ne Pensa?". – "*Fantastico e se accadesse dopo*"? "Sono contento che mi faccia questa domanda Sig. Rossi, in quanto nel prodotto che Lei sta acquistando, è prevista anche l'estensione della garanzia per altri 18 mesi, rinnovabili, ad un costo veramente ridicolo: € 50,00 al mese.

Non solo, andiamo anche oltre, ovvero se al termine del periodo dell'estensione, Lei non avesse usufruito di alcun intervento, ha guadagnato un VOUCHER pari alla metà dell'importo complessivamente speso che potrà utilizzare in qualsiasi momento per acquistare altri nostri prodotti di importo pari o superiore, nel qual caso Le fattureremo solo la differenza tra l'importo del prodotto da lei scelto ed il VOUCHER". "Che ne pensa? Come vede, a noi sta a cuore Lei e la sua massima soddisfazione, potendola così annoverare come nostro cliente, per molto, molto tempo..." E tu, cosa ne pensi?

Allora mettiti subito al lavoro, pensa alle garanzie che potresti offrire sulla base di quello che abbiamo insieme considerato.

Non è necessario che tu debba "creare" in questo momento le garanzie, ma concentrandoti sulla domanda: "Come faccio a rendere inattaccabile il mio prodotto/servizio, quali garanzie potrei offrire"?

Sono certo che troverai delle fantastiche risposte. Ti offro un ulteriore suggerimento: le garanzie devono permettere al tuo prodotto/servizio, non solo di essere venduto da chiunque, ma al contrario essere facilmente ACQUISTATO da TUTTI i tuoi clienti, ovvero, dopo averle pensate, ideate e scritte, rileggendole, (facendole rileggere), la considerazione spontanea è: "Solo un "marziano" non la acquisterebbe".

Arrivato a questo punto, trova un **nome accattivante** al prodotto/servizio.

SEGRETO n. 24: Trovare un nome accattivante per il prodotto/servizio che nel contempo riconduca alle caratteristiche intrinseche del prodotto/servizio stesso.

OBIEZIONI

A questo punto non ti resta che considerare le obiezioni che normalmente ti sono poste o che ti potrebbero venir poste (immagina di essere tu il cliente, quali obiezioni faresti?).

Ad esempio

- ✓ E' caro
- ✓ E se poi non funziona?
- ✓ Altri vostri colleghi della pubblicità mi offrono la costruzione del sito gratis.

Adesso tocca a te, scrivi (sempre sullo stesso foglio) le obiezioni in genere e quelle specifiche del prodotto/servizio.

SUPERAMENTO DELLE OBIEZIONI

Visto che abbiamo trattato le obiezioni, non resta che superarle. Esistono varie tecniche di superamento, quella che maggiormente utilizzo è la tecnica: *ad una domanda, rispondi con un'altra domanda*. In questo modo infatti, verifichiamo immediatamente la "consistenza" dell'obiezione, ovvero se è reale o no. Ad esempio:

OBIEZIONE	**SUPERAMENTO**
E' caro	Posso chiederle in confronto a cosa è

	caro? Che elementi ha per dire che è caro? Se dovesse realizzare il sito in maniera autonoma, quanto tempo impiegherebbe?
E se poi non funziona?	Posso chiederLe cosa nello specifico non dovrebbe funzionare? E se lo realizzasse in maniera autonoma e poi non funzionasse, cosa farebbe?
Altri vostri colleghi della pubblicità mi offrono la costruzione del sito gratis	**Bene, è veramente convinto di quello che mi sta dicendo, oppure è un modo per liquidarmi?**

L'ultima obiezione POTEVA essere affrontata solo così, a volte capita di dover riportare il cliente sulla Terra.

SEGRETO n. 25: Scrivere le obiezioni che i clienti fanno o potrebbero fare su quel prodotto/servizio e per ognuna, scriverne il superamento con la tecnica della contro-domanda.

Un ultimo sforzo, dai che siamo alla fine: rispondi adesso alle obiezioni che hai scritto tu sul foglio utilizzando la tecnica della contro-domanda.

Fatto? Splendido. Adesso, oltre alla SCHEDA Tecnica del prodotto/servizio, hai anche la scheda di Vendita. Infatti, la prima parte del foglio rappresenta la scheda tecnica, ma con le giuste modifiche diventa in automatico anche SCHEDA di VENDITA. Non ci credi? Allora ritorna a pagina 83 e, leggendo le frasi/parole in grassetto, trova la corrispondente frase/parola sul lavoro che hai fatto tu.

In particolar modo, vedrai che ti sto parlando di:
QUANDO UTILIZZARLO;
VANTAGGI;
OBIEZIONI;
SUPERAMENTO.

Ci sei? Perfetto, ora inserisci tutto quello che hai scritto sugli argomenti trattati in uno schema simile a quello che ti indico di seguito. Ovviamente la presentazione grafica non è indispensabile, ma sicuramente utile all'esposizione, in modo lineare, del prodotto/servizio.

<table>
<tr><th colspan="3">ELISIR</th></tr>
<tr><td colspan="3">Quando utilizzarlo</td></tr>
<tr><td colspan="3">• Esigenza da parte del cliente di essere visibile in internet;
• Esigenza da parte del cliente di vendere on line;
• Esigenza da parte del cliente di farsi conoscere dalla "massa".</td></tr>
<tr><td colspan="3">Vantaggi</td></tr>
<tr><td colspan="3">• Visibilità massima in internet;
• Il cliente può valutare in modo approfondito il lavoro svolto, nella massima libertà, senza prendersi un impegno completo e definitivo;
• Il cliente decide l'acquisto dei moduli aggiuntivi soltanto nel momento in cui è pienamente convinto della sua rispondenza all'esigenza richiesta.</td></tr>
<tr><th>Obiezione</th><th>Obiezione</th><th>Obiezione</th></tr>
<tr><td>E' caro</td><td>E se poi non funziona?</td><td>Altri vostri colleghi della pubblicità mi offrono la costruzione del sito, gratis!</td></tr>
</table>

Superamento obiezione	Superamento obiezione	Superamento obiezione
Posso chiederle in confronto a cosa è caro? Se dovesse realizzare il sito in maniera autonoma, quanto tempo impiegherebbe?	Posso chiederle cosa nello specifico non dovrebbe funzionare?	Bene, è veramente convinto di quello che mi sta dicendo, oppure è un modo per liquidarmi?
Affidandosi a NOI invece, Lei avrà la possibilità di testare il lavoro svolto prima di pagare ed in più ha diritto ad interessanti garanzie.	Affidandosi a NOI invece, Lei ha diritto ad interessanti garanzie che potranno tutelarla da questo imprevisto.	Affidandosi a NOI invece, non Le è chiesto di sostenere alcun costo, prima di aver visionato il lavoro svolto, ed inoltre siamo in grado di soddisfare ogni sua esigenza.

RIEPILOGO DEL GIORNO 4:

- SEGRETO n. 18: Il primo obiettivo della visita è raccogliere informazioni utili per la conoscenza del cliente.
- SEGRETO n. 19: Si deve sempre lasciare il segno, in ogni visita e rispettare sempre le regole del successo.
- SEGRETO n. 20: Trasformare il tutto in una traccia scritta (Script), creando una sorta di copione da imparare e "recitare" durante le visite.
- SEGRETO n. 21: Analizzare il prodotto/servizio in base a quando utilizzarlo, ovvero quali esigenze del cliente soddisfa.
- SEGRETO n. 22: Analizzare il prodotto/servizio in base ai vantaggi, successivamente in base alle caratteristiche ed infine dal punto di vista economico.
- SEGRETO n. 23: Offrire delle garanzie aggiuntive, ovvero rendere l'offerta per quel prodotto/servizio, "inattaccabile" alle obiezioni.
- SEGRETO n. 24: Trovare un nome accattivante per il prodotto/servizio che nel contempo riconduca alle caratteristiche intrinseche del prodotto/servizio stesso.

- SEGRETO n. 25: Scrivere le obiezioni che i clienti fanno o potrebbero fare su quel prodotto/servizio e per ognuna, scriverne il superamento con la tecnica della contro- domanda.

GIORNO 5
CREARE IL SISTEMA E RECLUTARE I VENDITORI

Siamo giunti all'attività commerciale, intesa come l'attività di back-office, ovvero quella serie di azioni che comunque fanno parte dell'attività del venditore:

- ✓ Mettere in ordine le schede cliente;
- ✓ Aggiornare lo STATUS dei prospects;
- ✓ Pianificare le azioni per raggiungere gli obiettivi della settimana;
- ✓ Preparare i dati necessari per la riunione del venerdì;
- ✓ Ecc.

E' fondamentale che ogni tuo collaboratore esegua queste attività allo stesso modo, ovvero con le stesse "procedure".

SEGRETO n. 26: Ogni "attività commerciale" deve avere delle procedure, ovvero una sorta di "istruzioni" utili allo svolgimento di ogni singola attività.

Questo, prima di tutto, per evitare di avere una serie di documenti compilati in maniera diversa, a seconda di chi ci ha messo le mani; in secondo luogo per creare il SISTEMA. Per fare questo è necessario quindi che l'attività commerciale sia uniforme.

Come fare a rendere l'attività commerciale uniforme?
In un modo molto semplice: "Insegna agli altri come ritieni giusto che le cose debbano essere fatte".

Quindi realizziamo ora le procedure per le attività "burocratiche". Innanzitutto è bene stabilire le regole per fare in modo che le procedure siano efficaci. Le procedure devono essere:

- ✓ Semplici;
- ✓ Quasi intuitive;
- ✓ Facili da ricordare;

- ✓ Facili da verificare.

A questo punto, prendi un foglio ed una penna e scrivi tutte le attività di back office necessarie nell'attività commerciale della tua azienda. Concentrati sulle attività REALMENTE necessarie, ovvero a quelle attività che solo il commerciale può fare, in quanto riguardano strettamente la propria attività individuale.

SEGRETO n. 27: Le attività che svolge il commerciale devono essere necessarie, ovvero strettamente legate alla sua attività di commerciale.

Può esserti d'aiuto il seguente elenco:

- ✓ Scheda cliente;
- ✓ Data Base informatico;
- ✓ Scheda d'ordine (Foglio d'ordine);
- ✓ Offerta commerciale;
- ✓ Fattura per i compensi dei collaboratori;
- ✓ Report per l'efficienza;
- ✓ Ecc.

Ora che hai fatto l'elenco, per ogni attività (modulo) descrivi come TU la fai (o come lo/la compili). Ricorda, deve essere:

- ✓ Semplice;
- ✓ Quasi intuitivo;
- ✓ Facile da ricordare;
- ✓ Facile da verificare.

Se una o più delle caratteristiche ti mette in difficoltà, lascia perdere l'attività o il modulo che stai analizzando, vuol dire che non serve o meglio: magari è utilissimo, ma dato che non rispetta i criteri di cui sopra, non sarà fatta o compilato come ti aspetti!

Nel caso specifico di un modulo, di una scheda, ecc. tieni presente che per crearne la procedura, basta che tu risponda alle seguenti domande:

1) A cosa serve?
2) Come si compila?
3) Quando si compila?

E' fondamentale che per ogni attività tu abbia predisposto un apposito modulo. Pensa ad esempio alla scheda cliente. Nella normalità è realizzata in parte o non è realizzata affatto. Eppure è LO strumento principale per dare "identità" ai clienti! Questo perché molte aziende, ma non certamente tu, considerano la scheda cliente come la mera anagrafica del cliente e non come un valido strumento dal duplice vantaggio:

✓ Da una parte aiuta il commerciale nel concentrare i propri interventi sulle risposte strategiche, quindi formulando solo domande dirette a tali scopi;

✓ Dall'altra abbiamo la possibilità di avere, anzi, possedere tutte le informazioni utili alle analisi di mercato ed alle analisi del portafoglio clienti acquisiti.

SEGRETO n. 28: La scheda cliente è la biografia del cliente non la carta d'identità! Deve quindi contenere anche dati strategici per la tua organizzazione.

Considera quindi che la scheda cliente deve contenere tutte le informazioni che ritieni utili per svolgere ottimamente l'operatività commerciale. Per fare questo, ti suggerisco alcune domande e risposte.

✓ Quali dati "anagrafici" sono indispensabili?

- Ragione sociale;
- Partita IVA/codice fiscale;
- Indirizzo legale;
- Sede operativa;
- Telefono;
- Fax.

✓ Che altro?

- Nome del TUO referente: è praticissimo averlo sempre ben visibile. Immagina, infatti, che il cliente debba essere contattato da qualcuno della tua organizzazione diverso dal commerciale che l'ha conosciuto;
- Nome di altri referenti: pensa, infatti, che nei rapporti con il tuo cliente, così come avviene nella tua azienda, è nella normalità delle cose che per quanto riguarda le consegne tu debba interfacciarti con una persona in particolare, oppure per il pagamento della tua fattura, ecc;

- Indirizzo e-mail dei referenti: è comodissimo quando devi inviare le fatture, oppure per le campagne di news letter che potresti fare, o semplicemente per comunicare.

✓ Quali informazioni ulteriori sono utili?

- Se collabora con altre aziende nostre concorrenti;
- In caso affermativo, con quali;
- Quali servizi/prodotti sono richiesti o richiedibili;
- La tipologia dell'azienda;
- In quali mercati opera;
- Com'è strutturata;
- Se ha altre sedi;
- La tipologia dei suoi clienti, a chi si rivolge;
- Il numero dei dipendenti.

SEGRETO n. 29: E' fondamentale conoscere i riferimenti di tutte le persone con le quali ti relazioni o potresti relazionarti.

Adesso che hai appreso la tecnica, continua con gli altri moduli (documenti) che fanno parte dell'attività commerciale. Per spiegare come compilarli puoi affidarti all'apprendimento visivo. Ovvero, prendi ad esempio la scheda cliente che utilizzi e compilala in ogni sua parte (puoi anche utilizzare, completandola se necessario, una scheda di un tuo cliente).

Adesso, prendi un foglio ed una penna e rispondi alle domande di inizio capitolo, te le ricordi? Per maggior sicurezza te le riporto di seguito:

1) A cosa serve?

2) Come si compila?

3) Quando si compila?

Fai lo stesso lavoro per ogni documento ed avrai creato le PROCEDURE!

SEGRETO n. 30: Le procedure sono l'insieme delle risposte alle domande a cosa serve, come si compila e quando si compila.

Un discorso a parte meritano invece i report. Ed è per questo che affronteremo questo argomento separatamente. Ma ora, goditi il meritato riposo, riguardando il lavoro che hai fatto sino a questo momento.

Bene, ora che ti sei riposato e che hai la giusta concentrazione, parliamo dei report. Come ben saprai, ci sono diversi modi per realizzarli. Ho avuto la possibilità di analizzarne a centinaia e, credimi, non puoi neanche immaginare la varietà che ho visto.

Report realizzati utilizzando fogli di calcolo (excel) suddivisi in fogli settimanali che formavano quelli mensili, che a loro volta formavano quelli trimestrali, semestrali, annuali, gli uni che si confrontavano con gli altri dando vita a grafici multicolore, ecc. DA MAL DI TESTA! In moltissimi report, quasi tutti, era lampante che fosse stato perso di vista il vero scopo per il quale esistono. Ti pongo una domanda: a CHI servono i report? Bravo, hai assimilato bene quello che hai letto nelle pagine precedenti! Il report serve proprio al commerciale o comunque deve servire a CHI lo COMPILA.

SEGRETO n. 31: Il report deve essere costruito sulla base di chi lo compila, in pratica deve servire a chi lo compila.

Più avanti comprenderai meglio questo concetto. Ora concentriamoci sul report in generale.

Il report deve essere efficace. Come si realizza un report efficace? Semplicemente ponendosi le giuste domande. Vediamole insieme.

1. A chi serve?
2. A cosa serve?
3. Quali dati deve contenere?

A chi serve: come abbiamo visto serve a chi lo compila, di conseguenza quando lo realizziamo dobbiamo tenere ben presente a chi è destinato. Pertanto considerando la tua rete, dovrai costruirne:

- ✓ Uno per il commerciale (gli Juniores in generale);
- ✓ Uno per il coordinatore;
- ✓ Uno per il professionista;
- ✓ Uno per te;
- ✓ ecc.

In pratica uno per ogni LINEA che hai previsto di avere nella tua struttura di vendita.

SEGRETO n. 32: Devi creare un report per ogni linea della struttura, in quanto a responsabilità diverse, seguono report diversi.

A cosa serve: serve a determinare le performances, nel nostro caso l'efficienza e l'efficacia di chi lo compila. Ovviamente nel caso di report utilizzato al coordinatore, considerando che le proprie performances sono determinate anche dall'attività di coordinatore, deve servire a determinare oltre alle propria efficacia ed efficienza, anche quella dell'intera struttura da lui/lei gestita. In questo modo sarà in grado di individuare in quale azione specifica deve assistere gli Juniores.

Nel caso invece di report destinato al professionista, considerando che le proprie performances possono essere determinate anche dalla tipologia di prodotto/servizio offerto o altro che avete stabilito nella carriera, deve stabilire proprio questo. Quello destinato invece a te, o comunque a chi è il leader dell'intera struttura vendita, deve determinarne le perfomances. Ovvero deve permettere a te o chi per te di comprendere se stai lavorando produttivamente.

In definitiva, a chiunque il report sia destinato, l'importante è che risponda perfettamente alle prime due domande.

SEGRETO n. 33: Il report serve a determinare le perfomances di chi lo compila, sia in termini quantitativi che qualitativi.

Quali dati deve contenere: deve contenere i dati necessari a determinare le performances di chi lo compila.

Ad esempio, il report creato per il "Junior", deve contenere:
- ✓ Numero di contatti effettivi;
- ✓ Numero di visite effettuate;
- ✓ Numero di offerte commerciali presentate;
- ✓ Numero di offerte commerciali accettate;
- ✓ Numero di clienti acquisiti.

Adesso prendi carta e penna e realizza i report per ogni livello che hai previsto per la tua struttura.

SEGRETO n. 34: Il report deve, quindi, contenere i dati per misurare le performances qualitative e quantitative di chi lo compila.

Una volta ultimato anche questo lavoro, prenditi tempo per te. Fai una pausa, fai quello che normalmente non riesci a fare, anche se ti piacerebbe: sei concentrato anima e corpo sul lavoro. Da quanto tempo non ti prendi qualche ora da dedicare SOLO a te stesso? Approfittane. Al tuo ritorno c'è una sorpresa che ti attende.

Perfetto. Come stai adesso che ti sei VERAMENTE voluto bene? Scommetto che non ricordavi più questa sensazione, vero? E' capitato spesso anche a me. Comunque, basta tergiversare e veniamo a quanto ti ho premesso prima della pausa: la sorpresa. Sei curioso? Anch'io lo sarei….Sono certo che l'avrai intuito…. Bravo, proprio così. Tutto il lavoro che abbiamo, ma soprattutto il lavoro che hai fatto tu sino a questo momento, ti ha permesso di realizzare il MANUALE OPERATIVO!!! Complimenti, di cuore. Hai appena realizzato un grandissimo passo verso il successo. Hai realizzato la RETE. La TUA RETE di successo.

Prendi tutto il lavoro che hai fatto e mettilo in ordine seguendo l'ordine degli argomenti che abbiamo trattato, partendo dal TIMING e finendo con i report.

Come ti senti? Ancora non ci credi, eh? Eppure l'hai fatto TU. Ottimo lavoro. Non ti resta adesso che abbellirlo nella forma. Hai creato la rete, quindi il passo successivo è quello di renderla viva di "animarla" inserendo i collaboratori.

Come fare? E' semplice. Sicuramente impegnativo e semplice. Ad ogni modo, per chi, come te, ha dedicato impegno ed entusiasmo alla realizzazione del manuale operativo, sarà più agevole: sarà adrenalinico! Il segreto è procedere in maniera ORGANIZZATA e per gradi logici. La prima cosa da imparare è che l'inserimento dei collaboratori è l'ultima fase, anzi, è automatico ed è il frutto delle azioni precedenti.

Vediamo quindi insieme le fasi che precedono l'inserimento:

- ✓ Preparazione;
- ✓ Reclutamento;
- ✓ Scrematura (screening);
- ✓ Colloqui;
- ✓ Selezione.

Analizziamo ogni singola fase.

Preparazione: si tratta ovviamente della fase più importante. E' per questo che merita tutta la nostra attenzione. Innanzi tutto ti suggerisco di creare un indirizzo di posta elettronica che destinerai SOLO al reclutamento:

✓ Se hai un tuo sito, potresti crearti o farti creare il seguente account:
responsabilesviluppo@tuo dominio

✓ Se invece noi hai un sito, puoi tranquillamente aprire una casella di posta gratuita. Ti consiglio di verificare lo spazio che ti concedono. Ad ogni modo quelle comunemente utilizzate assolvono allo scopo: sto parlando di libero, yahoo, inwind, hotmail, alice. Anche in questo caso, crea il seguente account: responsabilesviluppo@dominio scelto.

SEGRETO n. 35: Per prima cosa crea un indirizzo e-mail dedicato al reclutamento; successivamente scrivere almeno tre annunci tenendo sempre presente che devono avere appeal, ovvero devono essere accattivanti, devono incuriosire i possibili candidati.

Reclutamento:

Adesso crea l'annuncio. Nel mare magnum di annunci di offerte di lavoro in circolazione, il tuo deve EMERGERE, quindi devi scrivere un annuncio con forte APPEAL. Non avere fretta, prendi carta e penna e scrivine almeno tre. Puoi prendere come spunto il seguente:

CONSULENTE: Trading Management Company è un'azienda di consulenza aziendale che fa della gestione commerciale il proprio core business.

Entrare a far parte della grande famiglia TMC significa condividerne l'entusiasmo, la passione ma soprattutto la filosofia di vita:

Fare la differenza ogni giorno.

Hai ambizione, entusiasmo e voglia di crescere?

Siamo felici di conoscerti.

*Scopri anche tu tutte le opportunità che TMC ti offre, **invia un'e-mail di presentazione SENZA ALLEGATI a:***

Responsabilesviluppo@tradingmanagement.it

Ti suggerisco di inserire la frase che è scritta in rosso, in quanto se ti inviano gli allegati (contenenti il Curriculum), se il tuo è un account gratuito, ti ritrovi velocemente con la posta piena, con il rischio di non ricevere mail di risposta che restano in attesa per un periodo limitato, dopo di che le HAI PERSE.

SEGRETO n. 36: Concludere ogni annuncio, inserendo sempre la frase invia un'e-mail di presentazione SENZA ALLEGATI a (tuo indirizzo e-mail).

Hai scritto i tre annunci? Rileggendoli, sei soddisfatto? Ottimo. Adesso dobbiamo pubblicarli. In questa fase è fondamentale che tu faccia esperienza e quindi ti suggerisco la pubblicazione gratuita. Sei d'accordo? Splendido, adesso che la pensiamo allo stesso modo, ti seguirò passo passo nella pubblicazione.

Innanzitutto è necessario sapere che la pubblicazione gratuita la si può trovare "solo" su internet. Ad ogni modo credo che sia una soluzione di tutto rispetto.

Vai al seguente indirizzo:
http://www.google.it/search?hl=it&q=offerte+di+lavoro+gratuite
Oppure vai al sito:
www.google.it.
In cerca, scrivi "Offerte di lavoro gratuite". Come vedi hai tantissimi siti. Volendo ardentemente che tu investa il tuo tempo, non di certo che tu lo perda, ti indico di seguito tre validi siti in cui pubblicare gratuitamente. Potrai comunque utilizzare anche altri siti, se lo ritieni opportuno: sappi comunque che non sono tutti uguali. E' ovvio che più pubblichi e più sei visibile, ma non esagerare: oltre

a pubblicare sui tre siti che vedremo tra poco, se proprio vuoi, pubblica su altri 2, 3 al massimo.

Eccoti un elenco di siti "attendibili"
http://www.infojobs.it
http://www.lavoro.org/
http://annunci.bakeca.it/_bakecaannunci
Noi faremo insieme l'iscrizione solo su questi.

www.**lavoro**eweb.com/
http://info.kijiji.it/annunci-lavoro.htm
http://offerte-lavoro.vivastreet.alice.it/post
Questi sono altri siti attendibili che ti indico per evitare che tu perda tempo nella ricerca di altri siti. Ripeto, non è necessario, ti basterà pubblicare sui primi tre.

Procediamo ora con la pubblicazione su infojobs. Se stai leggendo questo testo in formato elettronico (stai leggendo direttamente dal pc), vai con il cursore del mouse sopra l'indirizzo di infojobs. Tieni premuto il tasto ctrl della tua tastiera e clicca con il tasto sinistro del mouse. Se non riesci, evidenzia l'indirizzo, clicca con il tasto destro del mouse e scegli copia. Poi apri internet posiziona il cursore sulla barra degli indirizzi, clicca con il tasto destro del mouse e scegli incolla. Premi ora il tasto invio (enter) sul tuo pc. Ti si apre la pagina seguente:

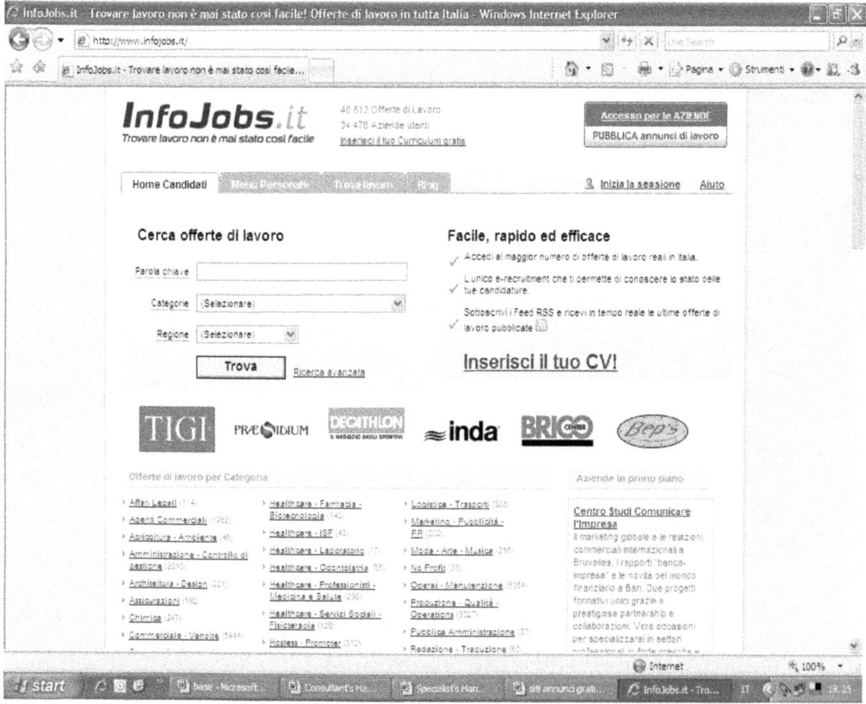

In alto a destra trovi il bottone PUBBLICA annunci di lavoro. Cliccagli sopra. Si aprirà la seguente pagina:

E' la pagina dedicata alle aziende. In alto al centro trovi la scritta: **Registrati gratis!**

Cliccaci sopra.

Si aprirà la pagina seguente.

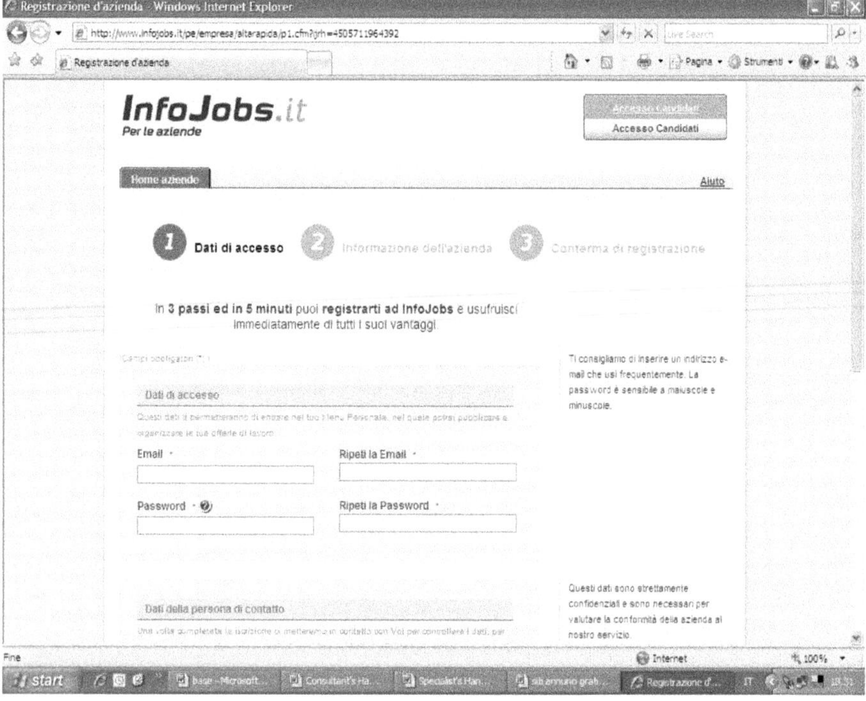

Compila tutti i campi. Si tratta di una registrazione gratuita e guidata. Prendi carta e penna e segnati l'indirizzo e-mail e la password che hai inserito. Ricordati di segnarla così come l'hai scritta, quindi attenzione alle lettere maiuscole. Una volta che hai ultimato la registrazione, chiudi internet e torna alla lettura del manuale. Ti aspetto, a dopo.

Hai fatto la registrazione? Perfetto. Ora tieni a portata di mano l'indirizzo mail e la password. Apri nuovamente internet e vai al seguente indirizzo: http://www.infojobs.it/pe/ .

Si apre la seguente pagina:

A destra, subito sotto il banner dei menu, trovi il seguente box:

Email *

Password *

Perso la password?

Iniziare sessione

Ora inserisci l'e-mail e la password che hai appuntato sul tuo foglio e poi clicca sul bottone iniziare sessione (quello subito sotto la scritta Perso la password?). Si apre la pagina seguente:

Sotto la scritta Menu Personale trovi la scritta "Configura le tue offerte". Clicca sulla prima voce: Pubblica un' Offerta

Si apre la pagina seguente:

Compila tutti i campi. Attenzione, quando inserirai il testo dell'annuncio, ricorda che non ti è concesso indicare l'indirizzo e-mail. E' una condizione posta dal sito. In seguito dovrai pertanto entrare nel sito e prendere visione nella tua sezione, delle candidature ricevute. Lo so, è dispendioso in termini di lavoro e forse anche poco pratico, tuttavia tieni presente che si tratta di un sito veramente valido. Visto che hai seguito perfettamente le indicazioni circa come scrivere l'annuncio, sono pronto a scommettere che riceverai non meno di 500 candidature. Scommettiamo?

Anzi, l'ultima volta che ho pubblicato per una mia azienda, ho ricevuto 2578 candidature; vediamo se riesci a battermi. Il tuo annuncio rimarrà pubblicato gratuitamente per 60 gg. a partire dalla data di pubblicazione.

Successivamente potrai comunque accedere al tuo pannello e guardare le candidature ma il tuo annuncio non è più pubblicato (visibile). Per renderlo visibile devi sottoscrivere un contratto di servizio a pagamento. Normalmente io non lo faccio, è sufficiente il periodo gratuito per raccogliere un buon numero di candidature.

Una volta compilati i campi (quanto meno quelli obbligatori o che ritieni utili), clicca su SUCCESSIVA: è il bottone a fondo pagina.

Si apre la pagina seguente:

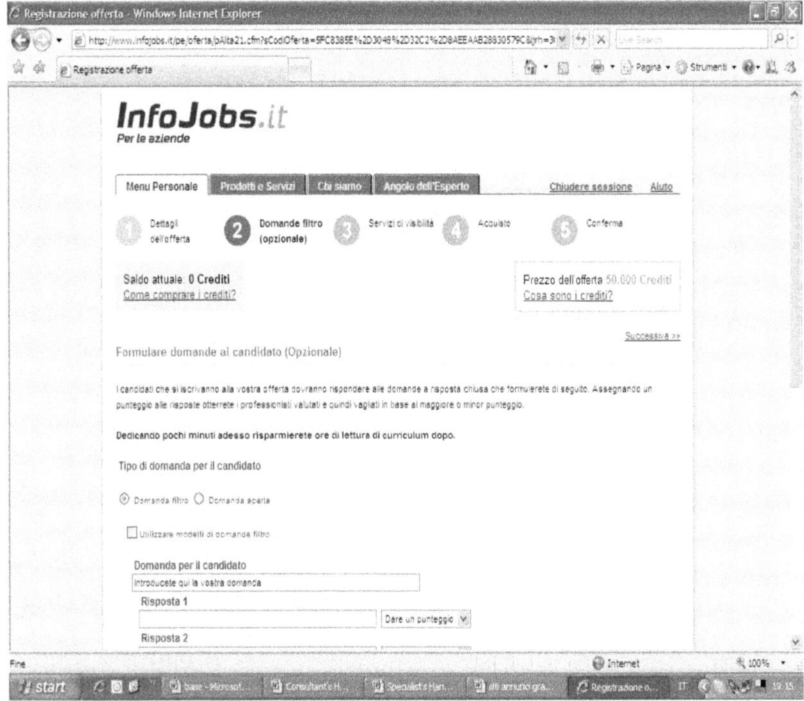

Non è indispensabile: io non la compilo. Scorri tutta la pagina, poi clicca su SUCCESSIVA.

Si apre la pagina seguente:

Sono tutti servizi a pagamento. Scorri tutta la pagina e clicca su SUCCESSIVA Ti si apre la pagina 4. Prosegui e conferma l'inserimento dell'annuncio.

Vai ora sul secondo sito che ti ho suggerito. Non ti annoio seguendoti passo passo, bene o male funzionano tutti allo stesso modo. Quindi segui le indicazioni del sito su come pubblicare. Attenzione, inserisci il secondo annuncio che hai preparato (o comunque uno diverso da quello che hai pubblicato su infojobs). **Inseriscilo completo del tuo indirizzo e-mail.**

Ora vai sul terzo sito che ti ho suggerito. Quindi segui le indicazioni del sito su come pubblicare. Attenzione, inserisci **il terzo** annuncio che hai preparato (o comunque quello che **non hai pubblicato né su infojobs né su lavoro.org**). Inseriscilo completo del tuo indirizzo mail.

Complimenti, hai appena concluso a pieni voti la fase di reclutamento.

RIEPILOGO DEL GIORNO 5:

- SEGRETO n. 26: Ogni "attività commerciale" deve avere delle procedure, ovvero una sorta di "istruzioni" utili allo svolgimento di ogni singola attività.
- SEGRETO n. 27: Le attività che svolge il commerciale devono essere necessarie, ovvero strettamente legate alla sua attività di commerciale.
- SEGRETO n. 28: La scheda cliente è la biografia del cliente non la carta d'identità! Deve quindi contenere anche dati strategici per la tua organizzazione.
- SEGRETO n. 29: E' fondamentale conoscere i riferimenti di tutte le persone con le quali ti relazioni o potresti relazionarti.
- SEGRETO n. 30: Le procedure sono l'insieme delle risposte alle domande a cosa serve, come si compila e quando si compila.
- SEGRETO n. 31: Il report deve essere costruito sulla base di chi lo compila, in pratica deve servire a chi lo compila.

- SEGRETO n. 32: Devi creare un report per ogni linea della struttura, in quanto a responsabilità diverse, seguono report diversi.
- SEGRETO n. 33: Il report serve a determinare le perfomances di chi lo compila, sia in termini quantitativi che qualitativi.
- SEGRETO n. 34: Il report deve, quindi, contenere i dati per misurare le performances qualitative e quantitative di chi lo compila.
- SEGRETO n. 35: Per prima cosa crea un indirizzo e-mail dedicato al reclutamento; successivamente scrivere almeno tre annunci tenendo sempre presente che devono avere appeal, ovvero devono essere accattivanti, devono incuriosire i possibili candidati.
- SEGRETO n. 36: Concludere ogni annuncio, inserendo sempre la frase invia un'e-mail di presentazione SENZA ALLEGATI a (tuo indirizzo e-mail).

GIORNO 6
COME INCONTRARE CANDIDATI INTERESSATI

I colloqui sono la fase successiva al reclutamento. I colloqui sono il frutto del tuo lavoro di scrematura (screening) delle candidature. Tu e solamente tu puoi valutare quali candidati incontrare e quali non incontrare. Ad ogni modo mi sento in dovere di darti alcuni suggerimenti.

Non basare la tua scelta sul curriculum, nessuno mai ha insegnato alla maggior parte delle persone come si fa. E' triste, lo so, ma è così. Invece di perdere intere giornata a leggere TUTTI i cv, puoi adottare una tecnica molto interessante:

Crea nella tua posta la risposta automatica, se non l'hai mai fatto, fatti aiutare da chi è abituato a usare vari trucchetti con la posta. Non ti aiuto io, in quanto è più semplice farlo che scrivere come fare. Inoltre non credo che tu sia interessato a leggere 10 pagine tecniche su come fare. La risposta automatica è la risposta che appunto, in automatico, il tuo pc invierà a tutte le persone che si candideranno scrivendoti dopo aver letto il tuo annuncio sul sito lavoro.org, oppure sul sito bakeka.it.

A tal proposito ti suggerisco di rispondere manualmente, utilizzando il testo della risposta automatica, anche a TUTTE le persone che si sono candidate sul sito infojobs. Il testo deve essere **accattivante** e nel contempo deve **interagire** con il candidato, ovvero deve spingerlo, se realmente interessato, a compiere un'azione.

SEGRETO n. 37: Crea una risposta automatica alle candidature, utilizzando un testo accattivante, che deve chiedere al candidato di dimostrare la sua motivazione interagendo.

Può tornarti utile l'esempio che ti riporto di seguito:
Nel ringraziarLa per l'interesse dimostrato, la invito a visionare il nostro sito: www.indirizzo.it. In questo modo avrà la possibilità di

conoscere al meglio la nostra azienda. Come avrà modo di capire, visionando il sito, stiamo cercando persone in grado di fare la differenza, con un marcato spirito imprenditoriale e che alla domanda "in quale azienda lavori?" VOGLIANO poter rispondere: "Io lavoro nella MIA azienda, lavoro per ME STESSO!".

Dopo aver visionato il sito, se la risposta alla domanda: "in quale azienda lavori?", è sempre:"Io lavoro nella MIA azienda, lavoro per ME STESSO!", allora ci invii un' e- mail di risposta alla presente indicando in Oggetto: VOGLIO FARE LA DIFFERENZA.

Provvederemo immediatamente ad attivare la seconda parte della selezione.

La ringraziamo nuovamente per l'attenzione dimostrata nei nostri confronti e nell'augurarLe di realizzare il Suo sogno, la salutiamo cordialmente.

Il responsabile sviluppo

L.T.

Cosa ne pensi? Cosa penseresti se ricevessi tu un'e-mail di questo tipo in seguito alla tua candidatura? Sicuramente rispetta appieno le regole:

- ✓ Accattivante;

- ✓ Interattiva.

Come hai letto, non è stato scritto NIENTE di incoerente con l'offerta, infatti, stiamo ricercando collaboratori che non VOGLIANO fare i dipendenti ma al contrario, i liberi professionisti. In questa fase, lascia un pochino di anonimato e firmati con le tue iniziali. Un ulteriore scopo della risposta automatica è che ti permette di rispondere a tutti, indistintamente ed in tempo reale.

SEGRETO n. 38: Devi lasciare sempre un'ottima immagine di te e della tua azienda, quindi rispondi sempre a tutti i candidati.

In questo modo dimostri immediatamente a chi ti ha scritto che tu e l'azienda che rappresenti possedete le seguenti caratteristiche:

- ✓ Serietà;
- ✓ Precisione;
- ✓ Rispetto delle persone;
- ✓ Coerenza;

✓ Capacità di gestire le risorse umane.

Pensa: con una sola, banale e semplice azione, hai già trasferito alcuni VALORI.

Adesso tocca a te. Prendi carta e penna e scrivi la tua risposta automatica.

Fatto? Rileggila, sei soddisfatto? Ti infiamma? Ottimo. A questo punto, visto che hai fatto 30… Prepara adesso la seconda risposta automatica, ovvero la risposta che riceveranno tutte le persone che hanno risposto alla tua prima e-mail e che hanno dichiarato, (nell'esempio che ti ho inserito) in oggetto VOGLIO FARE LA DIFFERENZA.

Può tornarti utile l'esempio di seguito:

Grazie! Le sembrerà strano, ma non sono molte le persone che decidono di VOLER fare la differenza. A questo punto è doveroso da parte mia presentarmi.

Mi chiamo Luca Tripiedi, ho 34 anni ed opero nel settore da oltre otto anni.

Ho fatto diverse esperienze in altrettante aziende del settore, ricoprendo ruoli via via crescenti.
Dopo i primi anni ho compreso che mi mancava qualcosa: lavorare per me e non per qualcun altro!

Ho cambiato totalmente la mia vita, mi sono trasferito a Perugia (sono nato a Torino e vivevo ad Asti) ed insieme al mio socio ho iniziato l'attività imprenditoriale.
Bene, entriamo ora nel concreto, dandoci del tu...

Sei alla ricerca di un'opportunità lavorativa in cui lavori per qualcuno (o con qualcuno, che dir si voglia)?Pensaci bene...
Se la risposta è sì, mi spiace, ma vuol dire che non posso considerare la tua candidatura.

L'opportunità che offriamo è per tutti?
No, solo per tutte quelle persone che vogliono lavorare per sé stessi.

Ho esperienza di 1 anno come dipendente nel settore della consulenza aziendale, posso iniziare subito l'attività?

Sì, dopo un percorso formativo di otto settimane.

Non ho esperienza nel settore ma ho esperienza commerciale, posso iniziare subito l'attività autonomamente?
Sì, dopo un percorso formativo di almeno sei mesi.

Non ho nessuna esperienza lavorativa, posso iniziare subito l'attività autonomamente?
Sì, dopo un percorso formativo di almeno dodici mesi.

Come vedi, chiunque, potenzialmente, è in grado di diventare un consulente professionista.
Nella realtà non è così.
Come mai, cosa occorre?
VOLONTA'
IMPEGNO
LAVORO DURO
COSTANZA
DETERMINAZIONE
UMILTA'
ENTUSIASMO

FORMAZIONE TECNICA
FORMAZIONE MENTALE
Il nostro obiettivo NON è VENDERE opportunità professionali dicendo: "Non ti preoccupare, il settore è in continua crescita, in un paio di settimane ti spiego come si fa, è una passeggiata, e poi lavori e straguadagni".
Sarebbe vendere illusioni, e le illusioni si sa, creano SOLO delusioni! L'obiettivo, invece, è quello di costruire basi solide per i tuoi elevati guadagni e certezze per la Tua Professionalità, oltre che per i Tuoi eventuali collaboratori.
A questo punto a te la parola...
Se vuoi proseguire nelle selezioni, sono qui per rispondere alle tue domande ed in seguito fissare un colloquio in cui conoscerci personalmente ed approfondire meglio il progetto.
Nel caso tu decida di non proseguire nelle selezioni, ti ringrazio comunque per l'opportunità che mi hai dato di presentarti me stesso e l'azienda che rappresento.
"A questo mondo non si diventa ricchi per quello che si guadagna, ma per quello a cui si rinuncia". (Henry Beecher)
Buona giornata.
Luca Tripiedi

Cosa ne pensi? Cosa penseresti se ricevessi tu un'e-mail di questo tipo in seguito alla tua candidatura? Come hai avuto modo di notare, è stato detto chiaramente come stanno le cose, cosa si offre e cosa si richiede.

SEGRETO n. 39: Prosegui nella scrematura delle candidature, attraverso una seconda risposta automatica, nella quale ti presenti e descrivi esattamente il tipo di persona che ricerchi.

A questo punto riceverai le candidature delle persone VERAMENTE interessate. Il mio suggerimento è quello di contattarle TUTTE. Primo perché ti serve come esperienza e secondo....beh, lo vedremo nel prossimo capitolo. Adesso tocca a te. Prendi carta e penna e scrivi la tua risposta automatica. Fatto? Rileggila, sei soddisfatto? Ti infiamma? Ottimo. A questo punto, visto che hai fatto 30 e 31......

Scrivi la risposta che invierai alle persone che hanno risposto alla tua seconda mail. In questo caso l'e-mail sarà personalizzata.

SEGRETO n. 40: Scrivere la terza risposta con destinatario personalizzato.

Puoi prendere spunto dall'esempio che ti indico di seguito:

Buon giorno Rachele,
non vorrei deluderti ma ti confesso che è mia consolidata abitudine sfogliare i CV SOLO DOPO aver conosciuto (almeno un pochino) la persona che c'è dietro!
Ora che le presentazioni sono state più o meno fatte, mi piacerebbe dare una scorsa al tuo CV. Ti chiedo pertanto di inviarmelo in allegato.
Non badare troppo alla forma o alla struttura: per me è importante solo CHI sei tu e non tanto COSA fai...
In oggetto, scrivi: CHI SONO. Mi rendo conto che può sembrarti un gioco, in realtà ho impostato le prime due risposte alle candidature in maniera automatica, pertanto se in oggetto c'è scritto altro, ti "bombarderei" delle risposte che già hai ricevuto... Appena l'avrò ricevuta, sarà mio immenso piacere contattarti telefonicamente ai numeri e negli orari che

vorrai cortesemente indicarmi, al fine di fare quello che in America è definito "put a name in the face", ovvero conoscerci personalmente, continuare nei nostri colloqui, farti conoscere dal vivo il mio (nostro) mondo ed ovviamente approfondire tutte le inevitabili lacune reciproche.

Buona giornata.
Luca Tripiedi

Adesso tocca a te. Prendi carta e penna e scrivi la tua risposta. Fatto? Rileggila, sei soddisfatto? Ottimo.

Adesso copiala sul tuo pc in formato di testo (word) e salvala. Tutte le volte che dovrai inviarla, non dovrai fare altro che copiarla ed incollarla nel corpo del testo dell'e- mail. ATTENZIONE: ricordati di personalizzarla e quindi utilizzare il nome del destinatario! Sono sicuro che, tu possa comprendere appieno l'importanza del colloquio, ed è per questo che ti riporto nuovamente quanto ho scritto nel primo capitolo. Esistono diversi tipi di colloquio:

L'Assessment Center: è una metodologia di valutazione del potenziale, nasce con l' *"**Assessment Program of the Office of Strategic Service**"* (programma di valutazione dell'ufficio di servizio strategico), durante la seconda guerra mondiale. La finalità era il reclutamento e l'orientamento degli agenti segreti. Sono convocate otto persone, fatte accomodare in una stanza e sono loro somministrati diversi test, cosiddetti situazionali, che richiedono al candidato di eseguire un compito in una situazione riprodotta permettendoci così di misurare gli aspetti emotivi del comportamento.

La presentazione collettiva: sono convocati una decina di candidati, il selezionatore presenta l'azienda e ogni candidato racconta sinteticamente qualcosa di sé; non ci sono vere e proprie domande di approfondimento. E' principalmente una modalità di "screening" (scrematura) non basato sulla mera "analisi" dei cv (Curriculum Vitae).

Intervista individuale: si tratta del primo colloquio individuale, l'obiettivo è appunto quello di approfondire le esperienze pregresse ed attuali del candidato sia in termini professionali che umani.

Colloquio motivazionale: si tratta del secondo colloquio individuale, l'obiettivo è appunto quello di approfondire le motivazioni del candidato, sia in termini professionali che umani.

Tutto questo solo per metterti in condizione di conoscere perfettamente il fantastico mondo della "selezione" delle risorse umane.

Il nostro obiettivo è quello di fare perfettamente quelle azioni che ti servono veramente. Ora, rileggi la definizione (spiegazione) dell'Assessment Center. Cosa ti viene in mente? Non ti sembra di averla già vista, di averla già fatta... Esattamente, l'hai già fatta durante la selezione. La spiegazione, infatti, dice: "...richiedono al candidato di eseguire un compito in una situazione riprodotta". E' esattamente quello che abbiamo fatto realizzando un percorso strutturato i tre differenti mail, in cui il candidato doveva compiere una specifica azione, in un determinato modo.

E più precisamente l'ha fatto rispondendo a:

- ✓ Inserzione (Annuncio): gli era richiesto di presentarsi senza inviare allegati. Non era sufficiente che inviasse il cv come è SEMPRE richiesto;
- ✓ Prima risposta automatica: gli era richiesto di rispondere alla mail indicando in oggetto VOGLIO FARE LA DIFFERENZA, e non un semplice "rispondi al mittente";
- ✓ Seconda risposta automatica: gli era richiesto di analizzarsi con lealtà e rispondere solo se in linea.
- ✓ Terza risposta personalizzata: gli era richiesto di inviarci il CV indicando in oggetto della e-mail CHI SONO, non era sufficiente che inviasse il cv come SEMPRE viene richiesto.

SEGRETO n. 41: Con la tecnica delle risposte automatiche, abbiamo contemporaneamente riprodotto una fase dell'Assessment Center.

Ora, rileggi la definizione (spiegazione) della presentazione collettiva. Cosa ti viene in mente? Non ti sembra di averla già vista, di averla già fatta… Esattamente, l'hai già fatta durante la selezione. La spiegazione, infatti, dice: "Si presentata l'azienda e ogni candidato racconta sinteticamente qualcosa di sé".

La presentazione dell'azienda e della propria filosofia, l'abbiamo fatto diverse volte ed in maniera sempre più approfondita in ben tre occasioni:

- ✓ Nell'inserzione;
- ✓ Nella prima risposta automatica;
- ✓ Nella seconda risposta automatica.

Il candidato racconta di sé, l'ha fatto sicuramente in un'occasione, visto che gli era richiesto:

- ✓ Rispondendo al nostro annuncio.

SEGRETO n. 42: Attraverso la preparazione ed il reclutamento, abbiamo in automatico fatto la presentazione collettiva.

Sono certo che comprenderai per quale motivo ho insistito tanto affinché tu facessi bene la fase della preparazione e del reclutamento.

Passiamo ora all'intervista di approfondimento. Una prima parte la effettuerai quando chiamerai telefonicamente i candidati per invitarli al colloquio. La restante parte, ovviamente, quando incontrerai i candidati.

SEGRETO n. 43: L'intervista di approfondimento si inizia con il contatto telefonico e si conclude con il primo colloquio.

Procediamo facendo un passo alla volta. Prima di tutto stampa tutti i curricula che hai ricevuto. Pinza insieme le pagine dello stesso curriculum. Verifica se il candidato sta lavorando. NON LEGGERE tutto il cv. E' fuorviante e potrebbe condizionarti:

SEGRETO n. 44: Stampare tutti i cv ricevuti e leggere SOLO se il candidato sta lavorando.

✓ Se sta lavorando, scrivi a matita sulla prima pagina il giorno e l'ora in cui il candidato ti ha chiesto di essere contattato;

✓ Se non sta lavorando, scrivi: SEMPRE.

Ora ordina tutti i curricula prima per data e poi per ora. Quelli in cui hai scritto SEMPRE sono i primi. A questo punto non ti resta che contattarli. Tranquillo, non ti lascio solo… seguimi. Dopo esserti presentato, ti accerti del fatto che il candidato abbia ben compreso cosa offri e chi cerchi. Come fare? Semplicemente ponendo domande. Ad esempio:

Buona sera… .parlo con Marco?
Sono Luca Tripiedi, il direttore generale della Trading Management Company. Come stai?

Come d'accordo ti chiamo per fissare un incontro conoscitivo. Proprio per questo e proprio per il fatto che ho massimo rispetto per te e per il tuo tempo, vorrei accertarmi che tu abbia ben compreso cosa offriamo e che tipo di profilo professionale stiamo cercando. Ti è tutto chiaro? Hai compreso tutto, oppure c'è qualcosa che posso spiegarti meglio?

SEGRETO n. 45: Nel contatto telefonico accertarsi che il candidato abbia perfettamente compreso cosa offriamo e chi cerchiamo.

Nella normalità ti chiederà qualcosa nello specifico oppure semplicemente di rispiegargli cosa offri e chi cerchi. In entrambi i casi, limitati a dare SOLO le informazioni riguardanti la tipologia di lavoro che offri e le caratteristiche che la persona deve possedere.

SEGRETO n. 46: Nel contatto telefonico rilasciare SOLO informazioni riguardanti la tipologia di lavoro che offriamo e chi cerchiamo.

Qualcuno ti dirà che è tutto chiaro e che ha perfettamente compreso. A quel punto gli chiederai comunque una conferma. *Quindi mi stai dicendo che tu sei perfettamente al corrente e che accetteresti di intraprendere la libera professione, vero?*

Proprio per questo ti è perfettamente chiaro e ti rivedi nelle caratteristiche che il libero professionista che collabora con noi deve avere e cioè deve possedere umiltà, passione, entusiasmo, ecc.? Bene, allora fissiamo insieme il giorno e l'ora del nostro incontro... tu preferisci mattina o pomeriggio? Lunedì o martedì?
Perfetto, allora ci vediamo lunedì alle 10:30. Ti invierò immediatamente un'e-mail con le indicazioni per raggiungere i nostri uffici.

Nel frattempo ti chiedo una cortesia: se tu dovessi avere un imprevisto che ti impedisse di venire o di essere puntuale, ti chiedo gentilmente di avvisarmi. Te la senti di prenderti questo impegno con me? Ottimo, grazie per il tempo che mi hai dedicato, ci vediamo lunedì alle 10:30. Buona giornata.

Adesso prendi carta e penna e scrivi una traccia della telefonata tenendo conto non solo dello spunto che ti ho dato, ma anche di quanto hai scritto nelle tue risposte automatiche. Accidenti come sei stato veloce, sei sicuro di averlo scritto bene? Perfetto, allora continuiamo. Adesso sei giunto alla tua prima intervista individuale. Non essere in soggezione, anche per la persona che incontrerai è la prima volta che segue un iter di selezione come quello che hai impostato, te lo garantisco! Ed in più, anche per lei/lui è la prima volta che ti incontra. Attenzione comunque: sei tu che conduci, non il contrario! Sii rispettoso, ovviamente, ma deciso. Tu sei un professionista vero, un imprenditore di successo. Non lo devi dimostrare, semmai lo devi umilmente fare trasparire.

L'obiettivo che ti devi porre è:
VOGLIO conoscere l'essere umano che ho di fronte.
Ripeti con me: VOGLIO conoscere l'essere umano che ho di fronte, mi INTERESSA VERAMENTE conoscere come pensa, come vive, quali sogni ha e come intende raggiungerli.

Ripetilo di nuovo, dai andiamo, è importante:
VOGLIO conoscere l'essere umano che ho di fronte
Mettici più convinzione ed entusiasmo, di nuovo, forza!

VOGLIO conoscere l'essere umano che ho di fronte,

mi INTERESSA VERAMENTE conoscere come pensa, come vive, quali sogni ha e come intende raggiungerli.

Bravissimo, così va bene. Ora concentrati sulle sensazioni che hai provato, mentre lo dicevi. Fissatele bene in testa. Sono le stesse che dovrai avere, mentre ripeterai a te stesso esattamente le stesse parole, quando vi presenterete e gli stringerai la mano guardandolo/la negli occhi.

SEGRETO n. 47: Vuoi veramente conoscere l'essere umano che hai di fronte, ti interessa veramente conoscere come pensa, come vive, quali sogni ha e come intende realizzarli.

Come avrai certamente intuito, l'intervista individuale ha come obiettivo quello di conoscere la persona che hai di fronte, soprattutto dal punto di vista umano.

Immagina che un giornalista di fama mondiale, specializzato nelle biografie delle persone più di successo del mondo, ti chieda di poter scrivere un libro su di te. Fatto? Sei riuscito ad immaginare la situazione?

Adesso pensa di essere tu il giornalista: quali domande faresti per riuscire a conoscere la persona che hai di fronte quanto basta per scriverne la biografia?

Prendi carta e penna e fai un elenco delle domande che faresti. Fatto? Sei soddisfatto delle domande? Sei veramente sicuro che con meno di dieci domande saresti in grado di scrivere niente meno che una biografia su una persona così speciale, importante e di successo? Lo penso anch'io. Allora concentrati e prosegui nella formulazione delle domande. Posso dargli un'occhiata? Bravo, ora ci siamo.

Adesso rileggile attentamente pensando alle risposte che ti saranno date, attenzione, **non** alle risposte che ti **potranno** essere date. Se c'è il condizionale vuol dire che qualcosa non va, non credi? Se ce ne sono, conviene modificarle (ne ho viste almeno un paio…). Fatto? Perfetto. Ora scegline otto. Chiaramente non a caso. Scegli le otto domande che ti permettano di scrivere la biografia. Sì, adesso puoi realizzarla ponendo anche solo otto domande. Il "Come mai adesso sì e prima no?" la risposta la sai anche tu…….

SEGRETO n. 48: Scegliere otto domande con risposta certa che ti permettano scrivere la biografia di una persona di successo.

A questo punto, immagina di avere di fronte il candidato e modifica opportunamente quelle otto domande. Rileggile. Ti sembra che siano sequenziali? Lo penso anch'io. Conviene riordinarle, tu che ne dici? Benissimo, hai fatto veramente un ottimo lavoro.

SEGRETO n. 49: Le otto domande "esaustive" con risposta certa devono essere sequenziali.

Adesso studiati le domande, in modo da riuscire a formularle nel modo più naturale possibile. Non è il caso che le impari a memoria. Scrivile sul tuo pc, in formato testo (word). Utilizza lo stile Times New Roman carattere 20 e scrivi tutto in maiuscolo. Salva il documento sul tuo desktop.

Ora sei pronto per fare l'intervista. Qualche minuto prima che il candidato entri nel tuo ufficio, apri il documento appena salvato, rileggiti le domande e poi lascialo aperto, in modo che tu possa visualizzarlo. Quando avrai di fronte il candidato, potrai sempre dargli un'occhiata se non ti ricordi la domanda successiva. Mentre il candidato risponde alle tue domande, prendi nota delle cose più importanti che dice scrivendole su un foglio bianco in cui avrai precedentemente scritto il nome e cognome del candidato, la data e l'ora del colloquio.

Tieni sempre di vista l'orologio. Attenzione, ti suggerisco di guardare quello che hai sul tuo pc: tu cosa penseresti se la persona con la quale stai parlando guarda spesso l'orologio che ha al polso? Esattamente. Credi che il candidato possa pensarla in maniera differente? Neanche io…

Il tempo corretto da dedicare è 50/70 minuti. Un tempo inferiore non è sufficiente per permetterti di conoscere la persona. Un tempo superiore, probabilmente, annoierebbe entrambi o quanto meno lascerebbe entrambi con un gran mal di testa, generato dalla tensione, seppur inconscia. Al termine dell'intervista, congeda il candidato con STILE.

Ad esempio:
Se la persona è interessante ma non troppo interessata o viceversa:
Innanzitutto, ci tengo a ringraziarti per la grande possibilità e l'immenso piacere che mi hai dato nel conoscerti. Conto di riuscire a concludere i primi colloqui entro breve tempo. Sarà mia cura quindi ricontattarti per quella data. Per darti un'idea, stiamo parlando di circa 15/20 giorni, un mese al massimo.
In quell'occasione, se entrambi confermeremo l'interesse reciproco nel proseguire nelle selezioni, fisseremo un nuovo incontro in cui approfondire i termini dell'offerta ed ovviamente parleremo dl piano di inserimento previsto.
Sei d'accordo?
Ottimo, allora ci sentiamo presto.
Ti accompagno.

Ti alzi, lo accompagni fino alla porta del tuo ufficio, se c'è qualcuno che può accompagnarlo fino alla porta di ingresso oppure, in caso contrario, lo accompagni tu; gli stringi la mano e guardandolo negli occhi gli auguri buona giornata/serata/fine settimana.

Se la persona è interessante ed interessata:
Innanzitutto, ci tengo a ringraziarti per la grande possibilità e l'immenso piacere che mi hai dato nel conoscerti. Conto di riuscire a concludere i primi colloqui entro breve tempo.
Sarà mia cura quindi ricontattarti per quella data. Per darti un'idea, stiamo parlando di circa una settimana.
In quell'occasione, se entrambi confermeremo l'interesse reciproco nel proseguire nelle selezioni, fisseremo un nuovo incontro in cui approfondire i termini dell'offerta ed ovviamente parleremo dl piano di inserimento previsto.
Sei d'accordo?
Ottimo, allora ci sentiamo presto.
Ti accompagno.
Ti alzi, lo accompagni fino alla porta del tuo ufficio, se c'è qualcuno che può accompagnarlo fino alla porta di ingresso

oppure, in caso contrario, lo accompagni tu; gli stringi la mano e guardandolo negli occhi gli auguri buona giornata/serata/fine settimana.

SEGRETO n. 50: Il congedo deve avere stile ed essere personalizzato, a seconda del grado di interesse che abbiamo per il candidato.

Adesso prendi carta e penna e scrivi il congedo, tenendo conto di quanto hai letto. Ricorda che è molto importante congedare con stile. Per farlo è sufficiente che tu risponda a questa domanda: Come mi piacerebbe che la persona che può realizzare il mio sogno, mi congedasse?

Se quello che pensavi di scrivere o che hai scritto coincide con la risposta alla domanda, perfetto. In caso contrario sai già cosa è opportuno che tu faccia, vero? Ottimo.

RIEPILOGO DEL GIORNO 6:

- SEGRETO n. 37: Crea una risposta automatica alle candidature, utilizzando un testo accattivante, che deve chiedere al candidato di dimostrare la sua motivazione interagendo.
- SEGRETO n. 38: Devi lasciare sempre un'ottima immagine di te e della tua azienda, quindi rispondi sempre a tutti i candidati.
- SEGRETO n. 39: Prosegui nella scrematura delle candidature, attraverso una seconda risposta automatica, nella quale ti presenti e descrivi esattamente il tipo di persona che ricerchi.
- SEGRETO n. 40: Scrivere la terza risposta con destinatario personalizzato.
- SEGRETO n. 41: Con la tecnica delle risposte automatiche, abbiamo contemporaneamente riprodotto una fase dell'Assessment Center.
- SEGRETO n. 42: Attraverso la preparazione ed il reclutamento, abbiamo in automatico fatto la presentazione collettiva.

- SEGRETO n. 43: L'intervista di approfondimento si inizia con il contatto telefonico e si conclude con il primo colloquio.
- SEGRETO n. 44: Stampare tutti i cv ricevuti e leggere SOLO se il candidato sta lavorando.
- SEGRETO n. 45: Nel contatto telefonico accertarsi che il candidato abbia perfettamente compreso cosa offriamo e chi cerchiamo.
- SEGRETO n. 46: Nel contatto telefonico rilasciare SOLO informazioni riguardanti la tipologia di lavoro che offriamo e chi cerchiamo.
- SEGRETO n. 47: Vuoi veramente conoscere l'essere umano che hai di fronte, ti interessa veramente conoscere come pensa, come vive, quali sogni ha e come intende realizzarli.
- SEGRETO n. 49: Le otto domande "esaustive" con risposta certa devono essere sequenziali.
- SEGRETO n. 50: Il congedo deve avere stile ed essere personalizzato, a seconda del grado di interesse che abbiamo per il candidato.

GIORNO 7
COME INSERIRE CANDIDATI VALIDI

Sei finalmente giunto al colloquio motivazionale. Hai avuto l'opportunità di conoscere tantissime persone. Adesso è giunto il momento di affidarti all'istinto ed alla tua sensibilità per scegliere chi inserire subito, chi in seguito e chi affatto.

Come comprenderai e condividerai, non sono in grado di darti dei suggerimenti. Nel contempo, conoscendoti, mi sento in dovere di dirti quanto segue. Sbagliare nell'inserimento, succede. L'esperienza che hai nelle selezioni non conta. Succede oggi, e ti capiterà in seguito.

La cosa importante è questa: se non sei perfettamente sicuro sulla persona, nel senso, se hai il dubbio, anche se piccolo, che possa con il passare dei giorni lamentarsi di questo o di quello, NON LO INSERIRE!

SEGRETO n. 51: Se non sei perfettamente sicuro sulla persona, non la inserire.

L'unico errore che ti è concesso è di sbagliare COLLABORATORE, nel senso che non si rivela quel "fulmine" che ti era parso di intravedere. Hai (tu come chiunque) necessità di inserire persone con un'autonomia in termini di motivazione, entusiasmo e voglia di fare, di almeno sei mesi. RICORDALO.

SEGRETO n. 52: Le persone che inserisci devono avere un'autonomia mentale di almeno sei mesi.

Come faccio a raggiungere questo obiettivo? Semplice: fai il colloquio motivazionale apposta! Come faccio a fare il colloquio motivazionale? La tecnica per rispondere a questa domanda l'hai imparata perfettamente, no? Accidenti, fidati.... Va bene, ma è l'ultima volta, promesso? Immagina di essere un astronauta con esperienza nell'allunaggio. Sei l'unico al mondo che può raccontare ad altri l'esperienza, ma non hai più il "fisico" per rifarlo. La NASA ha deciso di inviare uno shuttle sulla luna, ha progettato tutto, dalla navicella alla rotta. Ha studiato tutto nei minimi dettagli. Ha anche selezionato i potenziali componenti della squadra. Ben 35 persone!

Gli manca solo una cosa. E sai cosa? Esatto, gli manca proprio chi possa addestrare gli uomini. Come ti aspettavi, il responsabile del progetto ti chiama e ti invita presso la struttura super segreta per addestrare la squadra. Ti presenti lì, bello come il sole, emozionato e nel contempo pieno di orgoglio.

Il responsabile ti convoca nel suo ufficio e ti presenta la situazione: *"Non c'e tempo per addestrare gli uomini, il tuo compito è quello di scegliere SOLO le persone che hanno le caratteristiche fisiche e mentali per completare la missione. In fondo, tu ci sei già stato, sai di che cosa ti sto parlando, no?"*. *"Perfetto, metti per iscritto esattamente le caratteristiche che devono avere, poi il nostro team di esperti farà loro dei test per verificarne la corrispondenza e scegliere i 4 eroi"*.

Prendi carta e penna e scrivi le caratteristiche mentali, di atteggiamento, di capacità di comunicazione, di presenza, ecc.

che il tuo collaboratore deve avere per fare il commerciale nella tua azienda.

SEGRETO n. 53: Scrivi le caratteristiche che deve avere per apprendere, fare bene e diventare autonomo in sei mesi.

Fatto? Ora rileggile. Credi che siano tutte indispensabili? Non credi che alcune potrebbe impararle con il tempo? Lo penso anch'io. Sarebbe quindi opportuno che tu le eliminassi, che ne dici? Ottimo.

Sei veramente sicuro che la grinta (se leggo bene…) sia fondamentale? Aspetta prima di rispondere. L'obiettivo non è inserire il miglior COLLABORATORE, al contrario l'obiettivo è inserire persone con precise caratteristiche che gli consentano di essere "mentalmente autonomi" per sei mesi.

Sicuramente una persona dotata di grinta sarà in grado di fare la differenza sin da subito. Anche una persona con meno grinta e con forte determinazione può fare molto bene, non credi? Lo penso anch'io. Quindi, concentrati solo sulle caratteristiche che devono già possedere, anche se possono essere ampliate moltissimo.

Fatto? Bravissimo, ora sì che va bene. Adesso scrivi le domande per comprendere se il candidato ha quelle caratteristiche. E' semplice, ripensa agli astronauti, quale situazione descriveresti loro per capire come reagirebbero se vi si trovassero? Usa la stessa tecnica ora per le caratteristiche dei TUOI astronauti. Fatto? PERFETTO. Hai fatto un lavoro magistrale, veramente. Dubito che sarei riuscito a fare di meglio.

Adesso riscriviti LE DOMANDE su un foglio word del tuo pc. Usa stile e carattere identici a quelli utilizzati per le domande dell'intervista di inserimento. Te li ricordi? Stile Times New Roman e carattere 20. Salva il documento sul desktop. Come hai già fatto in precedenza, usale durante il colloquio.

Il congedo è lo stesso dell'intervista, con qualche piccolissima modifica. Ad esempio:

Se la persona ha le caratteristiche, ma non è troppo interessata o viceversa:
Innanzitutto, ci tengo a ringraziarti per la grande disponibilità che mi hai dato nell'incontrarmi nuovamente. Conto di riuscire a concludere i colloqui entro breve tempo. Sarà mia cura quindi ricontattarti per quella data. Per darti un'idea, stiamo parlando di circa 15/20 giorni, un mese al massimo. In quell'occasione, se entrambi confermeremo l'interesse reciproco, fisseremo un nuovo incontro in cui chiudere il nostro accordo, va bene?Ottimo, allora ci sentiamo presto.
Ti accompagno.

Ti alzi, lo accompagni fino alla porta del tuo ufficio, se c'è qualcuno che può accompagnarlo fino alla porta di ingresso oppure, in caso contrario, lo accompagni tu; gli stringi la mano e guardandolo negli occhi gli auguri buona giornata/serata/fine settimana.

Se la persona ha le caratteristiche ed è interessata:
Innanzitutto, ci tengo a ringraziarti per la grande disponibilità che mi hai dato nell'incontrarmi nuovamente. Ti lascio una

copia del contratto in modo che tu possa leggerlo in serenità e se lo ritieni opportuno, condividerne la lettura con i tuoi. L'inserimento è previsto tra circa un paio di settimane. Adesso ti chiedo di riflettere un paio di giorni, a mente fredda, su tutto quello che ci siamo detti e se lo ritieni opportuno, confrontarti anche con i tuoi. Sarà mia cura quindi ricontattarti lunedì e se mi confermerai la tua volontà di entrare in azienda e diventare un professionista, fisseremo un nuovo incontro in cui firmare il contratto. Sei d'accordo?Ottimo, allora ci sentiamo presto.
Ti accompagno.

Ti alzi, lo accompagni fino alla porta del tuo ufficio, se c'è qualcuno che può accompagnarlo fino alla porta di ingresso oppure, in caso contrario, lo accompagni tu; gli stringi la mano e guardandolo negli occhi gli auguri buona giornata/serata/fine settimana.

Adesso prendi carta e penna e scrivi il congedo, tenendo conto di quanto hai letto. Ricorda che è molto importante congedare con stile. Per farlo è sufficiente che tu risponda a questa domanda: Come mi piacerebbe che la persona che può realizzare il mio sogno, mi congedasse?

Se quello che pensavi di scrivere o che hai scritto coincide con la risposta alla domanda, perfetto. In caso contrario sai già cosa sarebbe opportuno che tu facessi, vero? Ottimo.

Ricordati che il contratto dovrà contenere un allegato importantissimo:

- ✓ Il piano di carriera che hai preparato.

Per stipulare un contratto che sia inattaccabile, puoi tranquillamente rivolgerti ad un avvocato specializzato in diritto del lavoro. Si tratta di avvocati molto preparati e seri.

SEGRETO n. 54: In occasione dell'ultimo colloquio, lascia ai candidati interessanti e interessati il contratto stipulato da un professionista ed il piano di carriera.

Adesso sì che hai una RETE DI VENDITA! Non devi fare altro che mettere in pratica il TUO manuale operativo che hai preparato e seguire i suggerimenti che ti ho dato passo passo.

E' stato meraviglioso conoscerti e passare del tempo insieme. Vorrei lasciarti ancora uno spunto, prima di salutarci, sei d'accordo? Ottimo.

Nelle pagine seguenti ti ho inserito il testo del mio intervento durante la convention di chiusura terzo ed apertura quarto trimestre di una mia azienda. Era la terza settimana di settembre di qualche anno fa. Ero appena rientrato dalle ferie estive (le faccio sempre a settembre) e la situazione non era propriamente in linea con quanto la struttura si era impegnata a raggiungere. Nell'aria si respirava tensione ed il giorno prima avevo spesso sentito le classiche giustificazioni in formato "voci di corridoio": "gli obiettivi dei contatti non hanno tenuto conto del periodo"; "non si può determinare tutto con i numeri"; "le offerte non sono in linea con il mercato attuale"; ecc. Così come tante altre della serie "ho avuto le papille gustative interrotte e mi sono assentato qualche giorno".

Insomma, c'era un diffuso contagio di quello che chiamo "*LAMENTITE*". In aggiunta, il terzo era un trimestre fondamentale: non rispettarlo significava mettere a dura prova il rispetto del budget annuale. Avevo voglia di entrare in riunione e arrabbiarmi con tutti. Tu cosa avresti detto? Come sarebbe stato il tuo intervento?

Eccoti il mio.

Sarebbe per me molto semplice esordire facendovi notare che siamo ancora una volta, nonostante la programmazione, indietro, .e sarebbe altrettanto facile esporvi le motivazioni o meglio le non azioni effettuate che ci hanno portato a questi risultati, ma non lo farò. E sapete perché?

Perché credo che sia inutile parlarvi di risultati che non ci sono e di cose non fatte. Vi parlerò invece di come i risultati nascono e crescono. Anche se alcuni di voi sono convinti che sia alquanto riduttivo e semplicistico tradurre tutto in statistica OVVERO numeri, in realtà è proprio quello che accade.

Ora ci sono, come sempre, due possibilità:

- *Rifiutarsi di credere che tutto possa essere ricondotto a numeri;*
- *Oppure credere al fatto che possa essere un'opportunità enorme di crescita e sviluppo personale.*

Nella prima ipotesi quello che faremmo, l'unica cosa che potremmo fare, sarebbe lamentarsi del fatto che c'è crisi, che le aziende non vogliono investire, che la sfortuna è in agguato, che c'è sempre il fato, e così di seguito.

- *Risultato: Competitors 1 e Noi 0*
- *Conseguenza: Morale meno 5; guadagni 0*

Nella seconda ipotesi, invece, sapere che il risultato dipende da due fattori, ci permette di concentrarci solo su questi. Io credo che sia meglio tenere sotto controllo solo due fattori, piuttosto che un numero di fattori x alla n.

Quali sono secondo voi questi due fattori?

✓ *I numeri;*

✓ *La realizzazione di un sogno.*

Per quanto concerne i numeri ne parliamo subito, mentre per il secondo fattore, dovrete attendere ancora solo un pochino. Bene i numeri... Sono convinto che sia splendido sapere che il risultato dipenda da un concatenarsi di numeri e non di accadimenti, e sapete perché? Perché i numeri posso controllarli, ne sono io l'artefice, mentre purtroppo, non posso controllare le situazioni, gli avvenimenti, ecc.

Ora, come faccio a controllare i numeri? E quando secondo voi è corretto controllarli?Una volta il mese? Una volta la settimana? Attraverso il report giornaliero, il quale si evolve in settimanale e quindi mensile.

Il nostro lavoro è bellissimo perché premia la costanza. Io non riuscirei mai a svolgere una professione in cui per crescere ed avere successo, dovessi inseguire costantemente la chimera del colpaccio. E voi? Come vi sentireste a lavorare tutti i giorni sperando di pescare il jolly?

Sono invece entusiasta di lavorare in un settore in cui le mie performances sono determinate dall'impegno e dalla costanza.

E sono orgoglioso di lavorare in un'azienda che premia tutto questo in termini economici e di crescita professionale. Per chi non se ne fosse ancora accorto, SIAMO un' azienda che non vuole semplicemente stare nel mercato. Non vuole lavorare ogni giorno con l'unica consapevolezza che il giorno dopo sarà né più né meno come quello appena trascorso.

La nostra azienda vuole rivoluzionare il settore, noi vogliamo con tutte le nostre forze stravolgere le "regole" non scritte perpetrate dagli operatori che affermano: "E' così che si fa!".

Noi vogliamo dimostrare che il mondo è cambiato e cambia costantemente a ritmi vorticosi e se non si opera con questa consapevolezza, probabilmente non è giusto svolgere l'attività. Siamo profondamente convinti che per far sì che la globalizzazione e la flessibilità siano realmente un'opportunità, occorra noi per primi generare professionisti che crescono, si sviluppano e fungono da simbolo per altri.

Per fare tutto questo abbiamo bisogno di voi. L'azienda ha bisogno di Pamela, ha bisogno di Riccardo, ha bisogno di

Nico, ha bisogno di Valy, ha bisogno di Fabio, ha bisogno di Tina, ha bisogno di Francesca, di Claudia, di Simona, e anche di Giuseppe, Francesco, Roberta, ecc.

Sapete chi sono Giuseppe, Francesco e Roberta? Neanche io, per ora, li stiamo cercando là fuori, perché abbiamo bisogno anche di loro e non solo. Abbiamo bisogno di persone che credano fermamente nel "sogno", che combattano ogni giorno perché possa realizzarsi e poter dire "ehi, lo sai che io c'ero?".

Quindi, mi rendo conto che il tutto sia straordinario ed è per questo che non mi sono voluto soffermare su quello che non abbiamo fatto e sui risultati non ottenuti. Io sono pronto per essere uno degli artefici dell'epocale cambiamento nel nostro settore e quindi niente e nessuno potrà mai distogliermi da questo obiettivo, sono consapevole che per cambiare "le regole", occorre prima avere abbastanza potere per farlo e l'unico potere è rappresentato da quanto la nostra azienda conta qui e oggi. Là fuori ci sono competitors che partono avvantaggiati perché sono grossi, tremendamente grossi. Ma credo che a loro manchino due piccole cose ma fondamentali quando si parla di grandi imprese da compiere, e sapete quali sono queste cose?

- ✓ *Un sogno, un obiettivo, una mission;*
- ✓ *E la FAME!*

Io ho fame di successo, ho fame di arricchimento interiore, ho fame di guadagni, ho fame di realizzazione: in poche parole ho fame di potere, proprio quel potere che permette di cambiare le regole: e voi?

Bene, allora da oggi non esistono più le difficoltà che fanno tremare le gambe, non esiste più il "lo faccio domani", non esiste più il "tanto recupero", perché da oggi ognuno di noi è il portavoce di una missione importante, per sé stesso e per gli altri: chiunque deve saperlo, devono saperlo i clienti, i competitors, i colleghi, i collaboratori e le nuove leve che entreranno, perché anche loro dovranno far parte del nostro universo Azienda. Tutto quello che vi ho detto, che ci siamo detti, è tutto contenuto in due parole che voi portate addosso una volta a settimana ma che io porto dentro tutti i giorni: MY WAY.

Tenetelo dentro di voi tutti i giorni, è importante, è la spinta verso il successo!

Se ti stai chiedendo cos'è il MY WAY, cosa rappresenta, sappi che dovrai pazientare, non troppo però. Quando leggerai queste righe, probabilmente starò finendo il manuale che ho iniziato, mentre ultimavo questo e che tratta proprio del MY WAY oltre che come gestire con successo la rete di vendita.

SEGRETO n. 55: Controlla le emozioni negative, trasformale in pensieri potenzianti.

SEGRETO n. 56: Rendi la tua azienda un'azienda ambita dai commerciali attraverso l'applicazione del MY WAY.

Ora goditi il meritato riposo. Ne hai fatta tanta di strada. Ero sicuro che ce l'avresti fatta. Sono orgoglioso di te.

RIEPILOGO DEL GIORNO 7:

- SEGRETO n. 51: Se non sei perfettamente sicuro sulla persona, non la inserire.
- SEGRETO n. 52: Le persone che inserisci devono avere un'autonomia mentale di almeno sei mesi.
- SEGRETO n. 53: Scrivi le caratteristiche che deve avere per apprendere, fare bene e diventare autonomo in sei mesi.
- SEGRETO n. 54: In occasione dell'ultimo colloquio, lascia ai candidati interessanti e interessati il contratto stipulato da un professionista ed il piano di carriera.
- SEGRETO n. 55: Controlla le emozioni negative, trasformale in pensieri potenzianti.
- SEGRETO n. 56: Rendi la tua azienda un'azienda ambita dai commerciali attraverso l'applicazione del MY WAY.

CONCLUSIONE

Come hai avuto modo di verificare leggendo questo libro, si tratta effettivamente di un manuale operativo. Per ogni argomento trattato, infatti, ti ho illustrato non solo come ottenere il risultato, ma anche quali azioni compiere. Sono certo che molti argomenti da te letti in questo manuale, non rappresentino per te una novità; sono altrettanto certo che prenderai in seria considerazione solo un paio di argomenti. E' normale.

Ho partecipato a diversi corsi di formazione in questi anni. Ogni volta, quasi inspiegabilmente, mi rimanevano in mente solo uno o due "passaggi". All'inizio pensavo che dipendesse dal formatore, dal suo modo di illustrare gli argomenti. Così, appena ne avevo l'opportunità, seguivo un altro corso, con più o meno gli stessi argomenti, ma presentato da un diverso formatore. Anche in quella occasione, a fine corso, la mia attenzione era rivolta solo ad un paio di "nozioni" e, guarda caso, diverse dalle precedenti. Non riuscivo realmente a comprenderne il motivo. Eppure, presi singolarmente, tutti i temi trattati erano illuminanti.

Dopo anni di incomprensioni, finalmente ho capito. Il nostro cervello è un ricettore incredibile e come tale calibra le proprie frequenze sulla base degli impulsi che gli diamo (soprattutto inconsci). Quello che mi rimaneva impresso nella testa, quello su cui mi concentravo nei corsi di formazione, era proprio quello su cui ero concentrato, inconsciamente, già prima di entrare in aula.

Per meglio farti comprendere questo mio pensiero, ti faccio un esempio pratico. Pensa ad un'autovettura. Una qualunque. Concentrati su una marca e su un modello specifico. Immaginala nei dettagli. Fatto? La prossima volta che andrai in giro, a piedi o in macchina, prima di metterti in movimento, ripensa all'autovettura che hai scelto. La vedrai ovunque! Allo stesso modo, il tuo cervello è concentrato su quello cui pensi, magari in modo non consapevole. Anche i tuoi risultati dipendono dai tuoi pensieri ed è per questo che ti riporto un aforisma di Paramahansa Yogananda, (un noto guru indiano che visse la maggior parte della sua vita negli Stati Uniti d'America):

“Il successo e l'insuccesso sono la diretta conseguenza del vostro abituale modo di pensare. Quale di questi pensieri predomina in voi: il successo o l'insuccesso?

Se il vostro consueto atteggiamento mentale è negativo, uno sporadico pensiero positivo non sarà sufficiente ad attirare il successo. Se invece è costruttivo, raggiungerete la meta, anche se vi sembra di essere avvolti dalle tenebre”.

Adesso, programmati una settimana di lavoro. Dedica un giorno per ogni argomento trattato, facendo fin da subito le attività indicate. Inizia quindi dalla realizzazione del tuo manuale operativo, attraverso:

La creazione del metodo

Si tratta semplicemente dell’insieme di tutte le azioni che il venditore deve fare, di come farle, quando farle e come verificarle. In poche parole l'insieme delle attività di vendita e attività commerciali che distinguono la tua azienda dalle altre.

La creazione del Piano di Carriera

Il Piano di Carriera deve realmente essere in grado di generare professionisti nel tuo settore e nella tua azienda. Nel capitolo dedicato all'argomento ti ho illustrato come fare.

L'acquisizione delle visite

Dal punto di vista delle possibili azioni per giungere al contatto con il potenziale cliente, il contatto telefonico, se ben formulato, risulta essere quello più efficace. Nel capitolo dedicato ti ho illustrato come effettuare contatti efficaci con i potenziali clienti, ottenendo così tante visite.

Il successo nelle visite

Nel capitolo dedicato hai potuto apprendere la strategia e l'operatività durante le visite, in modo da ottenere il massimo.

La creazione del sistema

Nella parte dedicata al sistema, ti ho illustrato come creare il sistema efficace per ottenere uniformità di azione da parte di tutta la tua forza vendita.

Passa poi alla creazione della forza vendita attraverso:

Il reclutamento efficace

Attraverso l'applicazione delle metodologie che ti ho esposto, sei in grado di preparare e condurre una brillante campagna di reclutamento.

Incontrare candidati validi

Attraverso le tecniche che ti ho descritto, sei in grado di distinguerti sin da subito dalla maggior parte delle aziende. Sei in grado di investire il tuo tempo SOLO nell'incontrare candidati realmente interessati alla tua azienda.

Inserire candidati validi

In quest'ultima parte del manuale, hai appreso il segreto per inserire candidati validi. A tal proposito, ti riporto di seguito una frase che mi ha ispirato tanto in questi anni, ed è ancora, per me, fonte di ispirazione. Si tratta di una verità, scritta tanti anni fa da **Henry Ross Perot**, (imprenditore e politico statunitense):

"Quando costruisci un team, cerca sempre quelli che amano vincere. Se non riesci a trovarli, allora cerca quelli che odiano perdere".

Adesso tocca a te. Inizia subito a rileggere il manuale ed a costruire il tuo successo ed il successo di tutta la tua azienda!

Buon lavoro!
Luca Tripiedi

www.ingramcontent.com/pod-product-compliance
Ingram Content Group UK Ltd.
Pitfield, Milton Keynes, MK11 3LW, UK
UKHW022022190726
13853UKWH00005B/2066